河北省"十四五"职业教育规划教材

职业教育国家在线精品课程配套教材

职业教育公共基础课系列教材

# 劳动教育与实践指导

主　编　谷世宏　杨潇楠　杜亚娟

副主编　刘　维　冯彦玲　杨　兴

参　编　黄天一　张　倩　赵　悦　杨一楠　栗　悦

主　审　张韶斌

机械工业出版社

CHINA MACHINE PRESS

本书是河北省"十四五"职业教育规划教材、职业教育国家在线精品课程配套教材。本书按照《中共中央 国务院关于全面加强新时代大中小学劳动教育的意见》《大中小学劳动教育指导纲要（试行）》，将新时代劳动教育课程的目标有机融入书中。

本书将理论和实践结合，分为理论篇和实践篇。理论篇涵盖劳动精神、工匠精神、劳模精神、大国尚技、劳动安全与保护等内容，突出模范引领作用，重在精神滋养、意识培养；实践篇包含14个劳动任务，评价表设计为可撕式活页，便于归入学生劳动档案，记录学生劳动实践能力的提高、劳动品质的提升和劳动意志的锤炼。

本书可在职业院校开设的劳动教育课程教学中使用，也可供学生自学和阅读。

本书配有动画、微课视频，读者扫描书中二维码，即可观看。

本书配备电子课件，凡使用本书作为教材的教师可登录机械工业出版社教育服务网（www.cmpedu.com）下载。咨询电话：010-88379375。

## 图书在版编目（CIP）数据

劳动教育与实践指导 / 谷世宏，杨潇楠，杜亚娟主编. — 北京：机械工业出版社，2024.1（2025.8重印）
ISBN 978-7-111-75079-6

Ⅰ.①劳…　Ⅱ.①谷…②杨…③杜…　Ⅲ.①劳动教育—教学参考资料　Ⅳ.①G40-015

中国国家版本馆CIP数据核字（2024）第011140号

机械工业出版社（北京市百万庄大街22号　邮政编码100037）
策划编辑：杨晓昱　　　　　　　　责任编辑：杨晓昱
责任校对：龚思文　薄萌钰　韩雪清　封面设计：马精明
责任印制：单爱军
中煤（北京）印务有限公司印刷
2025年8月第1版第4次印刷
210mm×285mm·12印张·229千字
标准书号：ISBN 978-7-111-75079-6
定价：39.80元

电话服务　　　　　　　　　网络服务
客服电话：010-88361066　　机　工　官　网：www.cmpbook.com
　　　　　010-88379833　　机　工　官　博：weibo.com/cmp1952
　　　　　010-68326294　　金　书　网：www.golden-book.com
**封底无防伪标均为盗版**　机工教育服务网：www.cmpedu.com

# 前　言

党的二十大报告强调"统筹推动文明培育、文明实践、文明创建，推进城乡精神文明建设融合发展，在全社会弘扬劳动精神、奋斗精神、奉献精神、创造精神、勤俭节约精神，培育时代新风新貌。"

本书立足时代特征，结合国家人才发展需要、行业企业要求，按照《中共中央　国务院关于全面加强新时代大中小学劳动教育的意见》《大中小学劳动教育指导纲要（试行）》，将新时代劳动教育课程的目标有机融入书中。

本书将理论和实践结合，分为理论篇和实践篇。理论篇涵盖劳动精神、工匠精神、劳模精神、大国尚技、劳动安全与保护等内容，突出模范引领作用，重在精神滋养、意识培养；实践篇包含14个劳动任务，评价表设计为可撕式活页，便于归入学生劳动档案，记录学生劳动实践能力的提高、劳动品质的提升和劳动意志的锤炼。

本书主要具有如下特点。

第一，思政育人，润物无声。本书积极落实立德树人根本任务，引导学生树立正确的劳动价值观，在劳动实践中掌握劳动技能，锤炼劳动意志，将个人的发展与国家、时代的命运紧密相连，成长为德智体美劳全面发展的社会主义建设者和接班人。

第二，案例丰富，通俗易懂。本书立足职业教育教学特点，在巩固理论知识的同时，增加案例和故事，增强可读性，以帮助学生深入理解劳动精神、工匠精神和劳模精神，有益于学生自觉体悟、自主践行这些精神。

第三，体例多样，形式活泼。本书理论篇设有"知识目标""素质目标""课堂导入""名人名言""拓展阅读"等模块；实践篇设有"劳动发布""劳动目标""劳动实践""劳动评价"等模块，有助于提升学生的劳动技能，养成良好的劳动品质。

第四，配有数字资源，便于混合式教学。本书建有配套的在线课程。同时读者扫描书中二维码，可观看动画、微课视频等数字资源。

本书在编写过程中，借鉴了一些学者的研究成果，参考了相关出版物及网站资源，在此向各位专家、学者表示感谢！同时，全国劳动模范徐丁丁（惠阳航空螺旋桨有限责任公司副总工程师）、韩庆芳（河北省曲阳陈氏定窑瓷业有限责任公司工艺师）、李素环（河北省保定市南王庄瓜果蔬菜专业合作社社长）为本书编写提供了丰富的案例素材，并给予了指导，在此向这三位全国劳动模范致以诚挚的谢意！

由于编者水平有限，书中难免有不足之处，敬请广大读者批评指正！

编　者

# 目 录

前言

## 第一篇　理论篇

### 第一章　劳动精神 …003
第一节　认知劳动
（微课1，动画1） …003
第二节　新时代劳动价值观
（微课2，动画2） …010
第三节　劳动精神的内涵
（微课3，动画3） …014

### 第二章　工匠精神 …019
第一节　工匠精神的内涵
（微课4，动画4） …019
第二节　工匠精神的时代价值
（微课5） …024
第三节　践行工匠精神
（微课6） …030

### 第三章　劳模精神 …034
第一节　解读劳动模范
（微课7，动画5，动画6） …034
第二节　探究劳模精神
（微课8，动画7） …037
第三节　践行劳模精神
（微课9） …043

### 第四章　大国尚技 …047
第一节　绘制梦想蓝图
（微课10） …047
第二节　练就过硬本领
（微课11，动画8） …050
第三节　职业教育大有可为
（动画9） …055

### 第五章　劳动安全与保护 …060
第一节　劳动安全
（微课12） …060
第二节　劳动保护
（微课13，动画10） …072

## 第二篇　实践篇

### 任务1　居之有序 …081
活动1　置物有定位 …081
活动2　物品巧收纳 …084
活动3　家务天天做 …088
活动4　适度"断舍离" …089

## 任务 2　食之有味　…091
活动 1　弘扬饮食文化　…091
活动 2　关注膳食营养　…093
活动 3　烹饪家常菜　…094

## 任务 3　用之有道　…099
活动 1　制订家庭经营与管理计划　…099
活动 2　家庭消费调查　…100
活动 3　家庭消费理财规划　…101

## 任务 4　奉献社会　…105
活动 1　调查服务需求　…105
活动 2　学习服务技能　…107
活动 3　开展服务活动　…107

## 任务 5　传承传统手工艺　…113
活动 1　了解传统工艺　…113
活动 2　制作传统扎染　…115

## 任务 6　打造校园文化墙　…119
活动 1　校园文化墙调研　…120
活动 2　校园文化墙设计　…121
活动 3　校园文化墙施工　…123

## 任务 7　更换汽车轮胎　…127
活动 1　拆卸轮胎　…127
活动 2　安装备用轮胎　…130

## 任务 8　保养数控机床　…133
活动 1　认识数控机床　…133
活动 2　维护数控机床　…134

## 任务 9　设计产品包装　…139
活动 1　农产品调研　…139
活动 2　包装小样设计　…141

## 任务 10　装订会计凭证　…145
活动 1　凭证装订准备工作　…146
活动 2　会计凭证装订　…146

## 任务 11　建造花池　…151
活动 1　拌制水泥砂浆　…151
活动 2　砌筑花池　…153

## 任务 12　红色研学之旅　…157
活动 1　探究红色资源　…158
活动 2　研究出行课题　…159
活动 3　做好出行准备　…160
活动 4　制订应急预案　…162
活动 5　编制出行方案　…163

## 任务 13　"三农"问题研究　…165
活动 1　形成研究课题　…167
活动 2　编制研究方案　…168
活动 3　开展实践活动　…170
活动 4　整理加工信息　…173
活动 5　交流学习成果　…173

## 任务 14　劳动周绘井盖　…179
活动 1　做好劳动周的准备　…179
活动 2　巧手绘井盖　…181
活动 3　交流与总结　…182

## 参考文献　…185

劳 动 教 育 与 实 践 指 导

# 第一篇
# 理论篇

第一部
靜思錄

# 第一章　劳动精神

 **知识目标**

- 认识开展劳动教育的意义，领悟劳动是创造美好生活的必要手段。
- 知道正确的劳动价值观内容。
- 理解劳动精神的内涵。

 **素质目标**

- 树立正确的劳动价值观，热爱劳动，尊重普通劳动者。
- 在日常生活中培养勤奋求实的精神。
- 将劳动内化为行为习惯，自觉进行劳动实践。

## 第一节　认知劳动

微课 1

动画 1

 **课堂导入**

### 《诗经》中的劳动之美

中华历史悠悠五千年，文人墨客篇篇农事诗。中华民族自古便是勤劳的民族，翻阅我国古代诗歌作品，会发现许多关于古人辛勤劳动的诗篇，诗人们歌颂劳动之美，抒发劳动之乐（图 1-1-1）。《诗经》是我国最早的诗歌总集，风、雅、颂的篇章里处处可见古人劳动的景象。《周南·芣苢（fúyǐ）》诗曰："采采芣苢，薄言采之。采采芣苢，薄言有之。采采芣苢，薄言掇（duō）之。采采芣苢，薄言捋（luō）之。采采芣苢，薄言袺（jié）之。采采芣苢，薄言襭（xié）之。"这是农妇在田野间采摘车前草（芣苢一说为车前草，另一说为薏苡，这里采用前者）时的乐歌，其中劳动的动作有"采、有、掇、捋、袺、襭"六种。她们唱着欢快的歌儿，在田野里忙碌着采摘车前草，充满对美好明天的憧憬和向往，这首乐歌热情歌颂了劳动人民热爱劳动的高贵品质。

此外，还有采桑歌（《魏风·十亩之间》）、收割谣（《周颂·良耜》）、丰收歌（《周颂·丰年》）、牧羊曲（《小雅·无羊》）。除了农事活动，还有建设者之歌，例如，《大雅·绵》是一首大气磅礴的创业者颂歌，记载了周人为了生存与发展，进行一次全国性迁徙，开辟疆土、建设家园的劳动场景。特别是修筑宫室宗庙的劳动场面，写得轰轰烈烈，多用排比，情景一体，充满了浓郁的生活气息。值得一提的，是我们耳熟能详的《魏风·伐檀》："坎坎伐檀兮，置之河之干兮。河水清且涟猗。不稼不穑，胡取禾三百廛（chán）兮？不狩不猎，胡瞻尔庭有县貆（huán）兮？彼君子兮，不素餐兮！"它写出了奴隶们砍伐檀木、造车置具的劳动场景，也痛斥了奴隶主的不稼不穑和坐享其成。

图 1-1-1 古人辛勤劳动的场景

有意思的是，后人还把这首传诵千古的名篇，改成了伐木工人一起唱和的劳动号子，加上了"嘿嘿哟嗬、嗨哟嗬、哎嗨哟"等喊号子的语气词，将民间的劳动号子与专业的讽刺乐歌结合在一起，使其动态感、节奏感、场面感更强，讽刺意味更浓。

> **想一想**
> 1. 上面的诗歌中提及了几种劳动？
> 2. 在新时代，劳动形式是怎样划分的？劳动的价值又如何体现呢？

## 一、劳动概述

劳动在人类社会形成的过程中起着重要的作用。劳动是人类的本质特征，社会上一切物质财富与精神财富都是靠劳动创造的。可以说，没有劳动，就没有人类的生存和发展。《中华人民共和国宪法》规定，劳动是公民的权利和义务。

### （一）劳动的概念

所谓劳动，是指人们运用一定的生产工具，作用于劳动对象，创造物质财富和精神财富的活动。因此，可以说劳动是人类社会存在和发展的最基本条件。

### （二）劳动的分类

按照不同的分类标准，可以把劳动分为简单劳动和复杂劳动、脑力劳动和体力劳动、具体劳动和抽象劳动、技术性劳动和非技术性劳动等。

### （三）劳动的价值

劳动是人类社会存在与发展的最基本条件，是创造物质世界和人类历史的根本动力。劳动创造了人，劳动创造了社会，劳动创造了文明。劳动改变世界，劳动创新思维，劳动锤炼品格，劳动创造幸福，劳动是一切欢乐和一切美好事物的源泉。

## 二、劳动创造美好生活

### （一）财富之源，能者劳之

人类早期的劳动主要是体力劳动。劳动不仅是人类生产生活的基本手段，也是财富的源泉。国家的发展兴旺最终离不开劳动生产的物质财富积累，劳则国富民强，不劳则国贫民饥。

#### 拓展阅读

**劳动创造美好生活**

金米村位于秦岭深处，曾经是极度贫困村，这些年，在扶贫政策和扶贫干部的帮扶下，村里建起了培训中心、智能联栋木耳大棚，发展木耳、中药材、旅游等产业。柞水木耳成了很多人追捧的网红产品。一位经营网店的村民说，他们昼夜赶工，柞水木耳仍然供不应求。村民们用劳动和创造实现了整村脱贫，唱响了大山深处的奋进之歌。

2020年是脱贫攻坚决胜之年。金米村的故事，是贫困地区人民群众在党和政府的关怀和帮助下，用劳动创造美好生活，打赢脱贫攻坚战的缩影。人民群众充分发挥积极性、主动性、创造性，在党和政府的帮扶下，用劳动和智慧改变了生活、创造了历史。

与金米村村民一样，云南省西双版纳傣族自治州的哈尼族青年爬图也用辛勤劳动创造了美好生活。因为偶然看到一场养蜂直播，爬图开启了养蜂之路。刚开始养蜂时，家里所有人都反对，觉得这样做不靠谱。爬图确实遇到了喂养不当导致的蜂蛹脱落、死亡等问题，他经过钻研，使用蜂蜜、蚂蚱、活体小蜜蜂搭配喂养，问题得到了明显改善。除了小蜜蜂，爬图又在网络上学习新技术，养殖胡蜂和虎头蜂。随着技术逐渐成熟，爬图的养蜂事业蒸蒸日上。通过年复一年的辛劳付出，爬图一家人不仅摆脱了贫困，还购置了一辆越野车。爬图说："现在国家政策好，对我们少数民族帮助也多，我们的生活比以前好多了，只要不懒惰，生活肯定会越来越好。"

### 想一想

1. 金米村是如何脱贫的？
2. 哈尼族青年爬图是如何发家致富的？
3. 案例中的两个故事说明了什么道理？

## （二）劳动创造世界，劳动改变世界

劳动是人有意识地、自觉地改变环境、改变世界的活动，是人类社会赖以生存和发展的前提，劳动不仅创造了人，创造了社会，创造了世界，还是推动人类社会发展进步的根本力量。

### 1. 劳动创造了人本身

人的实践活动是具有自主性的。人的主观能动性，使得人可以认识、利用自然，能够从自然中获取生存和发展所需要的物质条件，从而制造出更多的生产工具为己所用。人们通过实践认识客观规律，从而使客观规律为人所用，因此，劳动是人与自然相互联系、相互作用的媒介，它从本质上将人与动物区分开来，从而创造了人本身。

### 名人名言

劳动是整个人类生活的第一个基本条件，而且达到这样的程度，以致我们某种意义上不得不说是劳动创造了人本身。

——恩格斯

### 2. 劳动创造了人与人之间的内在联系，构成了人类社会

劳动促成了物质资料的生产和使用，以及人与人之间的分工与协作。人人都需通过一定的物质生活资料，获得生存与发展，而物质生活资料又是人与人共同劳动的产物，

因此，劳动创造了人与人之间的内在联系，构成了人类社会。

人的本质不是单个人所固有的抽象物。在其现实性上，它是一切社会关系的总和。

——恩格斯

### 3. 劳动是推动人类社会发展进步的力量

幸福不会从天而降，梦想不会自动成真，社会发展的根本力量是人的劳动实践。人类创造历史，劳动开创未来。人类必须通过劳动生产出生存必需的物质资料，从而产生生活和历史。

任何一个民族，如果停止劳动，不用说一年，就是几个星期，也要灭亡，这是每一个小孩都知道的。

——恩格斯

## 三、美好生活离不开勤劳的美德

### （一）勤劳是中华民族千百年来的行为倡导和传统美德

辛勤劳动反映的勤奋、敬业、埋头苦干的精神，是中华优秀传统文化的现实体现，也是对劳动者的基本要求。中华儿女用劳动创造了美好生活、创造了灿烂文化。万里长城、龙门石窟、大运河、都江堰、榫卯结构、记里鼓车……无一不是凝聚劳动人民勤劳智慧的伟大成就。

#### 古人智慧——榫卯结构

俗话说"榫卯万年牢"，不用一颗铁钉，仅靠榫卯工艺，便可做到扣合严密、间不容发，使用百年而依旧坚固。榫卯结构是古代中国建筑、家具及其他器械的主要结构方式，是在两个构件上采用凹凸部位相结合的一种连接方式。如图 1-1-2 所示，凸出部分叫榫（或榫头），凹进部分叫卯（或榫眼、榫槽）。

榫卯结构是我国工艺文化精神的传承，起源于距今约 7000 年前的河姆渡时期，历史

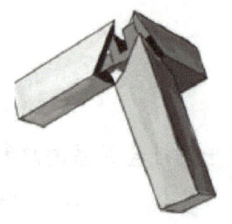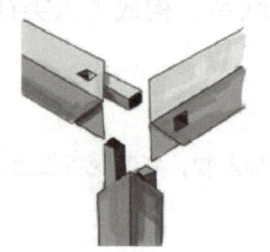

图 1-1-2 榫卯

比汉字还要悠久。榫卯结构不仅外形精致唯美,而且遵循力学原理,实用性极强,不易锈蚀,又方便拆卸。如今再看这些经典的榫卯结构,我们仍会感叹这惊艳世界的中国之美。榫卯结构历经数千年发展,其中明清家具的制作几乎用到了所有的榫卯种类,展现了榫卯结构进化的最终样式。作为一种技艺,榫卯结构组合的家具比用铁钉连接的家具更加结实耐用。首先,榫卯结构是木件之间多与少、高与低、长与短的巧妙组合,可限制木件向各个方向的扭动,而铁钉连接的家具做不到这样。其次,金属容易锈蚀或氧化,我们经常会发现许多明式家具虽已距今百年,但木质仍坚硬如初,如果用铁钉组合这样的家具,很可能木质完好,但铁钉的锈蚀、老化等因素,也会使家具散架。除耐用外,榫卯结构的制品还有利于运输和维修等优势。

榫卯结构大致可分为三大类型。第一类主要是做面与面的接合,可以是两条边的拼合,也可以是面与边的交接构合。如"槽口榫""企口榫""燕尾榫""穿带榫""扎榫"等。第二类是作为"点"的结构方法,主要用作横竖材丁字接合、成角接合、交叉接合,以及直材和弧形材的伸延接合,如"格肩榫""双榫""双夹榫""勾挂榫""锲钉榫""半榫""通榫"等。第三类是将三个构件组合在一起并使其相互连接的构造方法,这种方法除运用以上一些榫卯结构外,还会运用一些更为复杂和特殊的技巧,如常见的"托角榫""长短榫""抱肩榫""粽角榫"等。三类结构的优势各不相同,但总的来说,这些不同的结构都展现了我国古人的智慧。

榫卯是我国劳动人民智慧的结晶,含而不露,透露着儒家思想的平和中庸;内蕴阴阳,相生相克,以制为衡,又闪耀着道家思想的光辉。由此可见,榫卯技术表象背后隐含着古人对世界的理解,是意识形态和价值观的一种体现。

### 古人智慧——记里鼓车

记里鼓车(见图 1-1-3)是中国古代用于计算道路里程的车,由记道车发展而来。关于记里鼓车的记载最早见于汉代的《西京杂记》一书。由此说明,它至少在汉代就已经出现了。

《宋史舆服志》有关记里鼓车的记载比较详细,大体说记里鼓车外形是独辕双轮,车厢内有立轮、大小平轮、铜旋风轮等，轮周各出齿若干，"凡用驾牛大小轮八，合二百八十五齿，递相钩锁，犬牙相制，周而复始。"记里鼓车行一里路，车上木人击鼓，行十里路，车上木人击镯。记里鼓车的记程功能是由齿轮系完成的。车中有一套减速齿轮系，始终与车轮同时转动，其最末一只齿轮轴在车行一里时正好回转一周，车子上层的木人受凸轮牵动，由绳索拉起木人右臂击鼓一次，以示里程。

图 1-1-3　记里鼓车

## （二）新时代的我们需要继续弘扬勤劳美德

不论经济怎样发展，社会怎样进步，辛勤劳动创造美好生活的本质不会发生改变。进入新时代，每一次的探索与进步，无不与亿万劳动者的辛勤劳动紧密联系在一起。作为新时代的中职生，我们更应该继续弘扬勤劳美德，为创造幸福生活而不懈奋斗！

  拓展阅读

### 脱贫攻坚楷模故事

张桂梅，祖籍黑龙江省牡丹江市，1974年随姐姐到云南支边，后随丈夫同在大理市喜洲镇第一中学任教。丈夫因癌症去世后，她放弃了大理优越的工作环境，申请调到深度贫困山区华坪县任教。了解到当地女生失学情况严重，张桂梅萌生筹建一所免费女子高中的想法。在女高筹建的过程中，她先后失去了三位亲人，但每次都没能回去看一眼。即便如此，在募捐中，她还是遭到些不解。但她克服重重困难，丽江华坪女子高中终于在2008年9月开学。此后她全身心投入深度贫困山区教育扶贫主战场。2020年，华坪女高有159名学生参加高考，其中150人达到本科线，本科上线率94.3%。建校至今，已经有1600多名大山里的女孩考上大学。但张桂梅的身体每况愈下，患上了肺气肿、肺纤维化、小脑萎缩等十余种疾病，她长期拖着病体忘我工作，以实际行动兑现着自己"只要还有一口气，就要站在讲台上"的诺言。

张小娟，1985年出生，生前系甘肃省甘南藏族自治州舟曲县扶贫办副主任。2008年，张小娟放弃北京的工作回到深度贫困的家乡，曾深入舟曲泥石流抢险救灾现场一线。她遍访全县208个村的所有贫困户，被称为"藏乡好女儿""群众知心人"。2018年底，舟曲县贫困发生率由2015年底的18.24%下降至6.31%。2019年10月7日晚，张小娟在下乡扶贫返回县城途中，因车辆坠河不幸殉职，年仅34岁。

黄文秀，1989年出生，生前系广西壮族自治区百色市委宣传部派驻乐业县新化镇百

坭村驻村第一书记。北京师范大学研究生毕业后,她放弃城市高薪工作,回到家乡,到贫困村担任驻村第一书记。巾帼不让须眉,为帮全村脱贫,她挨户上门走访、跑项目、找资金、请专家,组织村民大力发展产业。2019年6月17日,黄文秀在从百色市田阳区返回乐业县途中遭遇山洪因公殉职,年仅30岁。

> **探究与分享**
>
> 结合"脱贫攻坚楷模故事"进行小组探究,我们能为创造美好的生活做些什么?

### (三)出彩中国人,关键靠奋斗

新时代是奋斗者的时代。回顾中华人民共和国的历史,我们从站起来到富起来,再到强起来,久经磨难的中华民族在百折不挠的奋斗中迎来了伟大飞跃。

奋斗是青春最亮丽的底色。"自信人生二百年,会当水击三千里。"民族复兴的使命要靠奋斗来实现,人生理想的风帆要靠奋斗来扬起。没有广大人民特别是一代代青年前赴后继、艰苦卓绝的接续奋斗,就没有中国特色社会主义新时代的今天,更不会有实现中华民族伟大复兴的明天。

> **学思践悟**
>
> 劳动创造幸福,实干成就伟业。希望广大劳动群众大力弘扬劳模精神、劳动精神、工匠精神,勤于创造、勇于奋斗,更好发挥主力军作用,满怀信心投身全面建设社会主义现代化国家、实现中华民族伟大复兴中国梦的伟大事业。
>
> ——2021年4月30日习近平向全国广大劳动群众致以节日的祝贺和诚挚的慰问

## 第二节　新时代劳动价值观

 **课堂导入**

**杨普:27岁获得"全国劳模"荣誉的一线纺织女工**

 微课2　 动画2

杨普,1983年出生,河北省石家庄常山纺织股份有限公司恒盛分公司织造车间挡车

工。她集全国劳动模范、中华技能大奖获得者、党的十九大代表等荣誉于一身。

2000年，17岁的杨普从技工学校毕业，到河北省石家庄常山纺织股份有限公司做了一名挡车工。机下打结也叫接线头，是挡车工需要掌握的一项基本功。线头要接得又快又好，否则就会影响布匹、面料的产品质量。杨普在工作之余，几乎把所有能利用的时间都用来练习操作技能，基本上做到手不离纱线。她在宿舍没事就练习，回家后让妈妈和弟弟帮着练习。

就是靠着这样一股韧劲，杨普不到20岁时就脱颖而出。一般女工一分钟接20个线头，她一分钟能接38个。她说："刚开始时，我每分钟只能接7个，为了练就扎实的基本功，当时也是'拼'了。"别人练500个，她就练1000个；别人练1小时，她就坚持练2~3小时。她的手指硬是让软软的纱线勒出了一道道小口子。谈恋爱时，别人都是花前月下、卿卿我我，她却每次约会都带上纱线，让对象帮她掐表，一边练一边谈。功夫不负有心人，经过长期不懈的努力，她的接线头成绩超出了国家标准75%。这份成绩也多次让她获得了全省挡车工大赛的冠军。2010年，杨普获得全国劳动模范荣誉称号，那年她才27岁。2012年，她又获得第十一届中华技能大奖，成为纺织行业唯一的入选者。

她说："我只是一名普通的工人，也只是做了一些自己该做的工作，能得到大家和社会这么大的肯定，是没有想到的。在接受一个国家、一个民族对一名普通劳动者的最高褒奖时，我特别激动。请所有像我一样的工人劳动者，一定要相信自己的劳动价值，相信每一个平凡的岗位上都能有精彩的人生。"

> **想一想**
>
> 杨普作为一名普通工人是怎样做出不平凡的业绩的？

"劳动是一切幸福的源泉。"习近平总书记在全国劳动模范和先进工作者表彰大会上指出，在长期实践中，我们培育形成了崇尚劳动、热爱劳动、辛勤劳动、诚实劳动的劳动精神。劳动是中华民族的优良传统美德，更是新时代追求卓越、奋勇前进的精神力量。

新时代正确的劳动价值观就是崇尚劳动、热爱劳动、辛勤劳动、诚实劳动。正确的劳动价值观引领我们前行，为我们创造动力。人间万事出艰辛，崇尚劳动、热爱劳动、辛勤劳动、诚实劳动，是人生出彩的金钥匙，也是创造美好生活的必经之路。

## 一、崇尚劳动

崇尚劳动是对劳动的一种认识，即认为劳动分工无贵贱，劳动价值有大小，美好的生活是通过劳动得来的。世界上真正有价值的东西，都是经过艰苦辛勤劳动而得到的。劳动是人类的本质活动，劳动光荣、创造伟大是对人类文明进步规律的重要诠释。全面建成小康社会后，我们还要将我国建设成为富强民主文明和谐美丽的社会主义现代化强国，根本上是靠劳动、靠劳动者创造。

我们要崇尚劳动，让劳动者更光荣。无论时代条件如何变化，我们始终都要崇尚劳动、尊重劳动者，始终重视发挥工人阶级和广大劳动群众的主力军作用。

要引导广大人民群众树立辛勤劳动、诚实劳动、创造性劳动的理念，让劳动光荣、创造伟大成为铿锵的时代强音，让劳动最光荣、劳动最崇高、劳动最伟大、劳动最美丽的风尚蔚然成风。

**名人名言**

劳动永远是人类生活的基础，是创造人类文化幸福的基础。

——马卡连柯

## 二、热爱劳动

"劳动最光荣、劳动最崇高、劳动最伟大、劳动最美丽。"劳动是光荣而高尚的，热爱劳动、不懈奋斗，一切美好的东西都能创造出来。劳动为我们在社会生活中创造财富，人类的幸福生活都是靠我们双手而来。劳动是创新的动力，智慧是文明的象征；劳动创造智慧，智慧点亮人生。高尔基曾说过："热爱劳动吧。没有一种力量能像劳动那样使人成为伟大和聪明的人。"

"劳动是一切幸福的源泉。"新时代劳动者要坚定理想信念，将热爱劳动的精神内化于心、外化于行，源源不断地为强国建设、民族复兴提供动力支持和精神支撑。热爱劳动，要尊重劳动者，还要学习劳动者，尊重人民首创精神，要拜人民为师，甘当小学生，把蕴藏于工人阶级和广大劳动群众中的无穷创造活力开发出来，把工人阶级和广大劳动群众的智慧和力量凝聚到推动各项事业上来。

**名人名言**

我觉得人生求乐的方法，最好莫过于尊重劳动。一切乐境，都可由劳动得来，一切苦境，都可由劳动解脱。

——李大钊

## 三、辛勤劳动

人生在勤，勤则不匮。辛勤劳动，既有"辛"，也有"勤"，指辛苦、勤快的劳动。中国特色社会主义进入新时代，中华民族迎来了从站起来、富起来到强起来的伟大飞跃。有人将中国的发展奇迹称为"勤劳革命"。的确，正是中国人的辛勤劳动与奋斗，将不可能变成了可能，中国用几十年时间走完了发达国家几百年走过的工业化历程，成长为世界第二大经济体。世间没有一种美好生活，可以不经过辛勤劳动获得。无论是大国还是小家，辛勤劳动都是财富之源。只有通过勤奋不懈的努力，才能不断地为国与家创造财富，实现国的富强和家的富裕。

要工作、要勤劳：劳作是最可靠的财富。

——拉·封丹

## 四、诚实劳动

诚实劳动，是指每一位劳动者都要以诚实的态度做人，既要真实展示自己，又要真诚对待别人。在劳动态度上，诚实劳动是用诚实的态度做事。在劳动品德上，诚实劳动是用诚实的态度做人。

要做到诚实劳动，需要我们从以下方面入手：一方面，我们应对所从事劳动必备的知识、技能、技巧有正确认识，对自我劳动素质理性判断并做出合理的自我定位。另一方面，立足岗位踏实劳动，求真学问，练真本领。同时，实事求是地对待劳动成果，摒弃虚假之风，反对一切不劳而获和投机取巧的思想，积极弘扬新时代劳动精神、劳模精神和诚信文化，依靠诚实劳动实现人生梦想。

人世间的美好梦想，只有通过诚实劳动才能实现；发展中的各种难题，只有通过诚实劳动才能破解；生命里的一切辉煌，只有通过诚实劳动才能铸就。

### 王顺友：马班邮路

王顺友，出生于四川省凉山彝族自治州木里藏族自治县，是木里藏族自治县邮政局原邮递员，"感动中国"2005年十大人物之一，被誉为中国邮政"马班邮路"忠诚信使。

20年来，他在雪域高原跋涉了26万公里，相当于走了21趟二万五千里长征、绕地球赤道 6 圈。每年投递报纸 8000 多份、杂志 700 多份、函件 1500 多份、包裹 600 多件。正是因为他极其负责的工作态度，没有延误过一个班期，没有丢失过一个邮件，没有丢失过一份报刊，投递准确率达到 100%，为中国邮政的普遍服务做出了最好的诠释。

他曾说，"我要继续走好邮路，走到走不动为止""送信就是为党做事，为党做事的人要吃得起苦"。

**探究与分享**

如何理解新时代劳动价值观的内涵？

## 第三节　劳动精神的内涵

微课3　　动画3

### "农民"袁隆平

大学毕业，袁隆平远离了繁华的都市，选择在偏远的湘西农村教书。他利用课余时间走出课堂，走向田埂。烈日当空，农民在榕树下歇息，袁隆平依然头顶烈日，在田里劳作。

偶然的机会，他发现一株"鹤立鸡群"的稻株，由此灵感一现，萌生了培育杂交水稻的念头。然而，袁隆平的设想与传统的经典遗传学观点相悖，许多权威学者反对甚至嘲笑他的设想。但他在反复思考、探索之后，更加坚信自己的想法。

为了找到意想中的稻株，他吃了早饭就下田，带着水壶与馒头，一直到下午四点左右才回。艰苦的条件和不规律的饮食，让他患上了肠胃病。六七月份的天气，他每天都手拿放大镜，一垄垄、一行行、一穗穗，大海捞针般在几千几万的稻穗中寻找，汗水在背上结成盐霜，皮肤被晒得黑里透亮，连常年扎在水田里的农民都自叹不如。

正是凭着这种坚忍不拔、勇敢顽强的意志，在勘察了 14 万余株稻穗后，经过两年的探索、试验和研究，他终于写成引起国内外科技界高度重视的"惊世"论文《水稻的雄性不孕性》。从此，"杂交水稻"这四个字伴随了袁隆平的一生，成为他毕生不懈追求的事业。

寒来暑往，草木枯荣，虽然杂交水稻的研究过程面临着许多困难，但袁隆平凭借自己的智慧和执着，将困难一一化解。

1976年是我国杂交水稻研究的关键一年，袁隆平和他的助手们用勤劳和勇敢揭开了我国杂交水稻大面积制种、推广的序幕。

"我不在家，就在试验田；既不在家，又不在试验田，那我一定在去试验田的路上。"袁隆平一生致力于杂交水稻技术的研究、应用与推广，发明"三系法"籼型杂交水稻，成功研究出"两系法"杂交水稻，创建了超级杂交稻技术体系，并提出并实施"种三产四丰产工程"，运用超级杂交稻的技术成果，为我国粮食安全、农业科学发展和世界粮食供给做出杰出贡献，被誉为"杂交水稻之父"。

> **想一想**
>
> 劳动不仅创造了中华民族的辉煌历史，也正在推动我们迈向伟大的复兴。通过阅读"农民"袁隆平的故事材料，思考当下劳动意味着什么，如何体现它的时代价值？

亿万有理想、守信念、懂技术、会创新、敢担当、讲奉献的劳动者大军，创造出了令世界刮目相看的"中国速度"，诠释着"人民创造历史，劳动开创未来"的新时代劳动精神。

新时代劳动精神根植于人类优秀的传统劳动文化和劳动理论之中，是对广大劳动者生产劳动实践所做出的高度凝练和概括，是历史与现实、理论与实践相结合的产物。新时代劳动精神内涵丰富，是劳动理念、劳动态度和劳动品德的集中统一。

## 一、奉行"劳动光荣、劳动伟大"的劳动理念

劳动理念是人们对劳动价值、意义的根本看法，我们必须树立正确的劳动观，正确地认识劳动和实践劳动，明确劳动是推动人类社会进步的根本力量，树立以辛勤劳动为荣的价值取向，充分认识到劳动是财富和幸福的源泉。新时代，我们要奉行"劳动光荣、劳动伟大"的劳动理念。这是因袭了马克思主义理论中关于劳动与人的观点，在中国特色社会主义条件下形成的有关劳动的价值理念。

首先，劳动是一种人类活动，劳动创造了人，使自然人向社会人转变；劳动创造了人类生活，实现了人对自然界的改造，把人和自然界区别开来；劳动创造了生产资料，满足了人类生活的物质需求和精神需求；劳动使得人类生活得以优化，人类在劳动中获得幸福感、满足感。

其次，劳动产生的物质产品不仅改变了个人的生活，也推进了全社会的发展。随着

人类物质生活水平的提高，人类的精神生活质量也得到相应的提高，人类通过自身力量推动了文明的进步。

中国特色社会主义事业的发展、中华民族伟大复兴都离不开中国人民的辛勤劳动和共同努力。每个人都可以通过自己的劳动为中国特色社会主义事业做贡献，每个人的劳动都是中国特色社会主义大厦不可或缺的组成部分，每个人的劳动都可能创造自身和他人的幸福生活。

**名人名言**

伟大的成绩和辛勤的劳动是成正比例的，有一分劳动就有一分收获，日积月累，从少到多，奇迹就可以创造出来。

——鲁迅

## 二、坚定"尊重劳动、热爱劳动"的劳动态度

劳动态度是个人对劳动的一种心理倾向，这种心理倾向包括对劳动的认识、情感反应和行为倾向。劳动态度受生活环境、教育程度、行为习惯等因素的影响。劳动态度表现为尊重劳动、热爱劳动的情感投入，以及自觉地将个人价值的实现与劳动的奉献紧密融合。

尊重劳动，把劳动作为人类的本质活动，作为创造财富和获得幸福的源泉，尊重一切有益于人民、造福于社会的劳动者及其劳动价值。

热爱劳动是焕发劳动热情，积极投身劳动，珍惜劳动成果，把劳动与实现自身价值紧密结合起来。热爱劳动体现了劳动者递进式的心理变化：一是劳动者积极投身于劳动的意愿；二是在劳动过程中劳动者发现劳动的乐趣、得到劳动的锻炼、保持劳动的热忱；三是劳动者珍惜劳动的成果，从而实现劳动过程与个体价值的内在统一。

我国几千年辉煌的历史和灿烂的文化，体现着劳动人民投身于劳动的积极热情。中华人民共和国成立初期，我国的生产生活环境落后，生产力不发达，但经过多年的奋斗历程，我国在各个领域取得了很大的进步，这一系列成就离不开广大劳动者尊重劳动、热爱劳动的劳动态度。从个人角度来讲，劳动者通过勤奋工作来改善自己的生活环境。当生活水平越来越高时，恩格尔系数不断降低，劳动者的精神生活也丰富起来。与此同时，劳动者也巩固和提升了爱岗敬业的劳动精神，在劳动过程中更加坚定尊重劳动、热爱劳动的劳动态度。肯学肯钻研，练就一身本领，掌握一手好技术，才能立足岗位，成长成才。人们只有热爱自己的工作岗位，才会以严谨的态度对待自己的工作，才会兢兢

业业、勤勤恳恳、尽职尽责、忠于职守；也只有对自己的工作尽心尽力，全力以赴，才会在工作中感受到乐趣，享受到快乐，才会有幸福感、成就感、荣誉感，才会更加热爱自己的工作。

幸福存在于生活之中，而生活存在于劳动之中。

——列夫·托尔斯泰

### 恩格尔系数

恩格尔系数是居民家庭中食物支出总额占消费总支出的比重。19世纪，德国统计学家恩格尔根据统计资料，研究消费结构的变化，得出一个规律：一个家庭收入越少，家庭总支出中用来购买食物的支出所占的比例就越大，随着家庭收入的增加，家庭总支出中用来购买食物的支出比例则会下降。推而广之，一个国家越穷，每个居民的平均支出中用于购买食物的支出所占比例就越大，随着国家富裕程度的提高，这个比例呈下降趋势。恩格尔系数在59%以上为贫困，在50%~59%为温饱，在40%~50%为小康，在30%~40%为富裕，低于30%为最富裕。

### 三、践行"辛勤劳动、乐于奉献"的劳动品德

劳动精神作为人类的文化产品，它的形成不是无源之水、无本之木，而是依附于人类的生产实践。新时代劳动精神是辛勤劳动、乐于奉献的优良品德的集中体现。辛勤劳动反映勤奋敬业、埋头苦干的精神，是中华优秀传统文化的现实体现，也是对劳动者的基本要求。

从劳动实践的角度看，辛勤劳动包括两个层面的含义：一是诚实劳动；二是创造性劳动。诚实劳动是指劳动者脚踏实地、恪尽职守，遵守法律法规和政策，遵循职业道德规范和工作标准，实事求是地认识和对待劳动过程和劳动成果，不窃取他人的劳动成果。劳动精神应包含倡导实现人生梦想、改变自己命运的诚实劳动。创造性劳动是指开创性的劳动，如人类历史上进行的各种原创性发明与创新。在创新驱动发展的时代背景下，一切墨守成规、因循守旧的高投入、低效率的劳动，都将成为我国经济转型的严重阻碍。因此，劳动精神也表现为敢于创新、勇于创新的创新性劳动。

乐于奉献是指主动去做有利于他人或集体的事情，并不追求回报，甚至在关键时刻

可以牺牲个人利益。袁隆平就是乐于奉献的代表人物，他不顾现实环境的各种阻碍，始终扎根农田，做一位真正的劳动者，坚持培育杂交水稻。他把个人的理想和中国梦紧密结合，始终发扬辛勤劳动、乐于奉献的劳动品德，丰富和发展了新时代的劳动精神。

我们在实现自身理想的过程中，不可能总是一帆风顺的，有时也会遇到坎坷，而拥有正确的劳动品德，就能善于从劳动中发现真善美，体验劳动的快乐和幸福，就会愈挫愈勇，保持韧性，最终战胜一切困难和挫折，实现自己的人生价值，为国家的繁荣和人类社会的进步做出应有的贡献。

奉献无止境。

——钟南山

### 习近平给中国农业大学科技小院的同学们的回信

中国农业大学科技小院的同学们：

你们好！来信收到了，得知大家通过学校设立的科技小院，深入田间地头和村屯农家，在服务乡村振兴中解民生、治学问，我很欣慰。

你们在信中说，走进乡土中国深处，才深刻理解什么是实事求是、怎么去联系群众，青年人就要"自找苦吃"，说得很好。新时代中国青年就应该有这股精气神。党的二十大对建设农业强国作出部署，希望同学们志存高远、脚踏实地，把课堂学习和乡村实践紧密结合起来，厚植爱农情怀，练就兴农本领，在乡村振兴的大舞台上建功立业，为加快推进农业农村现代化、全面建设社会主义现代化国家贡献青春力量。

在五四青年节到来之际，我向你们、向全国广大青年致以节日的祝贺！

习近平

2023 年 5 月 1 日

# 第二章 工匠精神

### 知识目标

- 认知工匠精神的基本内涵。
- 了解工匠精神的当代价值。

### 素质目标

- 向大国工匠和高技能人才看齐，学习他们身上的工匠精神。
- 体悟工匠精神，自觉传承、践行工匠精神。

## 第一节 工匠精神的内涵

微课 4　动画 4

 课堂导入

**李峰：痴心坚守，只为磨出一把好"剑"**

心细如发，探手轻柔，李峰在高倍显微镜下手工精磨刀具，5微米的公差也要"执拗"返工。在航天九院13所的某个厂房里，一盏孤灯准时亮起，随即隐约听到机器工作的声音。巡夜的保安知道，李峰又开始加班了。李峰1990年工作以来，一直在13所从事运载火箭等核心产品"惯导系统"超精密加工工作。一走上铣台，抚摸着熟悉的刀具，他就陷入了痴迷状态，经常忘记了时间。和精密加工打交道，不仅要技艺过人，更要有一把适合加工零件的好"剑"。大多数时间里，李峰一直在和加工刀具较劲。

**顾秋亮：眼看、手摸，就能判断发丝五十分之一的误差**

顾秋亮是中国船舶重工集团公司第七〇二研究所水下工程研究开发部职工，蛟龙号载人潜水器首席装配钳工技师。

心有精诚，手有精艺，顾秋亮仅凭一双手捏捻搓摸，便可精准感知细如发丝的钢板厚度。靠着眼睛观察和手上的触摸感觉，能够判断一根头发丝五十分之一的0.2丝误差，这的确是神技。即便是在摇晃的大海上，顾秋亮纯手工打磨维修的蛟龙号密封面平整度也能控制在2丝以内，因而人们称呼有这个能力的顾秋亮为"顾两丝"。为了练成这门功夫，顾秋亮把一块块铁板用手工逐渐锉薄，在铁板一层层变薄的过程中，用手不断捏捻搓摸，让自己的手形成对厚薄的精准感受力。手指上的纹理磨光了，但这双失去纹理的手却成了心灵感知力的精准延伸器。

#### 李刚：闭上眼也能连接好小盒子里密如蛛网的线路

李刚是中铁工程装备集团盾构制造有限公司特级技师，也是我国盾构制造领域首位"大国工匠"。

蒙眼插线，穿插自如，李刚方寸之间也能插接百条线路，成就领跑世界的"中国制造"。58天的殚思竭虑，李刚设计出了一套与马蹄形盾构机相适应的新型脑神经系统。李刚和工友们的工作成为马蹄形盾构机项目推进的重要保障。2016年7月17日，世界首创的中国马蹄形盾构机成功下线，表明中国实现了异型盾构装备生产的全面自主化，也标志着世界异型隧道掘进机研制技术跨入了新阶段。中国工匠们站到了该领域的世界巅峰。

> **想一想**
> 上述三位大国工匠具有哪些精神特点？

在我国几千年的文明史中，工匠精神源远流长，"巧夺天工""匠心独运"等成语都是对这种精神的高度概括。

2020年11月24日，习近平总书记在全国劳动模范和先进工作者表彰大会上发表重要讲话，第一次全面阐述了工匠精神的主要内容，即执着专注、精益求精、一丝不苟、追求卓越。执着专注是工匠的本分，精益求精是工匠的追求，一丝不苟是工匠的作风，追求卓越是工匠的使命。

## 一、执着专注

执着专注是指工匠坚定不移、集中全部精力完成一项工作时的态度，是工匠专心致志做事情的工作状态。

### 1. 执着态度

态度往往决定一个人能到达的高度。对工作没有执着的态度，就很难取得显著的成效。没有卑微的工作，只有卑微的工作态度，每个人的工作态度完全取决于自己。工作态度比工作能力更重要，一个人的态度会决定他把事情做到什么样的程度。因此，做任何事情，都要有一个好的态度。

### 2. 专注程度

专注就是把全部精力都集中在专业领域的学习和发展上。只有专注地耕作于某一专业领域，才能有常人不及的成就。许多优秀工匠都是长时间（短则十几年，长则几十年）专注于一项技艺或一个岗位，经过持续不断地磨炼，才最终获得卓越的成就。有了专注才会有钻劲儿。有钻劲儿几乎是所有大国工匠身上共同的优良品质。

## 二、精益求精

精益求精成为工匠精神的另一种表述方式，反映了工匠成为更好的自己的最高追求。精益求精的字面意思是，已经做得很好了，还要追求更好。精了还要更精，好了还要更好。

### 1. 更高的追求

任何成功都不是轻而易举取得的，需要有不断的、更高追求。但是，一个人有更高追求的同时，要注意不能好高骛远。目标不能过高，也不能过低，最好是控制在"跳一跳能够得着"的状态。精益求精就反映了工匠不断有更高追求的工作状态。

### 2. 更高的标准

如果说更高的追求主要是指个人的主观愿望和理想，那么更高的标准主要是指各种客观标准和工作指标。更高的标准代表了更高的竞争力。只有达到甚至超过了高标准，才意味着一个人的实力足够强。工匠精神就是追求更高标准的精神。

### 3. 更好的自己

工匠精神的本质就是不断追求做更好的自己的工作信念和价值追求。精益求精的本质也就是让自己的工作状态变得越来越好。工匠表面上是不断打磨自己的产品，让自己的手艺越来越精湛，实际上他们是在"打磨"自己，让自己的人生越来越出彩。

拓展阅读

### 郭晋龙：挑战极限的工人技术专家

郭晋龙，呼和浩特铁路局焊轨段维修工，从一名只有初中文化、连一张简单电路图都看不懂的维修工，成长为电气设备维修方面的行家里手、一个敢于向"洋专家"叫板的工人技术专家。他不仅能将钢轨上"最危险的皱纹"抹平，还凭借自主研发的"钢轨焊缝双频正火设备及工艺"荣登国家科技最高领奖台，成为中国铁路工人获此殊荣的第一人。

"0.4秒之争"是郭晋龙诸多研发故事中最著名的一段。它源于研发钢轨淬火生产线失速报警装置时，郭晋龙和工友的一次分歧。经过不断攻关，郭晋龙和工友好不容易成功研发出失速0.5秒报警装置。这一装置能大大降低钢轨焊接时因失速过度加热造成的烧化报废风险。在令人欣喜的时刻，郭晋龙却冷静地"泼了一盆冷水"。他近乎苛刻地提出："必须做到失速0.1秒就报警。"

为了寻找解决方法，郭晋龙整天守在淬火生产线旁，仔细观察钢轨淬火过程的每一个细节。他跑遍了呼和浩特的电子市场，找来不同型号的传感器逐一"上线"测试。他还自己动手给电路板做"手术"，改变电容容量，缩短电容充电时间……反反复复研讨、改进，为了这0.4秒灵敏度的提升，郭晋龙和工友付出了艰辛的努力。最终，他们成功了。"搞研究就是要精益求精！"这是郭晋龙不变的工作态度，也是他的初心。

**名人名言**

谁肯认真地工作，谁就能做出许多成绩，就能超群出众。

——恩格斯

## 三、一丝不苟

一丝不苟是一种做事的境界，表示一个人做事的思想觉悟和做事认真细致的态度。一丝不苟的工匠精神可以概括为严谨、严格、严苛、严肃等以"严"为核心的精神状态。

### 1. 认真细致的工作态度

认真细致的工作态度是一丝不苟的工匠精神的基础。它体现为一个人把全部心思用在干事创业上，把所有精力用在学习进步上，真正以认真细致的态度，扎扎实实地把工作做好。这种工作态度有时表现为"轴"的精神、较真的态度。

### 2. "严"的工作精神

"严"的工作精神是工匠共同的优秀品质。他们能够自觉培养这种"严"的工作精神和作风，以严之又严、慎之又慎、细之又细的工作态度为标尺，衡量自己的工作。在这种"严"的工作状态下，他们鞭策着自己不断进步，学有所得、思有所悟，不断提升自身的综合素质。

 拓展阅读

### 胡双钱：航空手艺人

胡双钱，出生于1960年7月，中国商飞上海飞机制造有限公司数控机加车间钳工组组长，人称"航空手艺人"，曾获"全国劳动模范""全国五一劳动奖章""上海市质量金奖"等荣誉和称号。

胡双钱1980年技校毕业后，成为上海飞机制造厂（现上海飞机制造有限公司）的一名钳工。大飞机的零件加工精度要求达到1/10毫米级。胡双钱说："有的孔径公差，相当于人的头发丝直径长度的1/3。"

在工作中，无论零件简单还是复杂，胡双钱都一视同仁，核对图纸、画线打磨、完成加工、交付产品。每个步骤他都反复检查数遍，直到达到"零瑕疵"。正是因为这种"严"的精神，胡双钱所在的岗位曾连续12年被公司评为"质量信得过岗位"。他生产的产品36年里100%合格，无一例返工单，曾获2002年的"上海质量金奖"。胡双钱常说："飞机零件关乎生命，干活要凭良心。"对于胡双钱来说，在这些技术层面的手艺之上，是对生命的尊重。

 **名人名言**

只要专注于某一项事业，就一定会做出使自己感到吃惊的成绩。

——马克·吐温

## 四、追求卓越

卓越是杰出的、优秀的意思。追求卓越就是追求杰出的、优秀的目标。这一目标既可以是成为杰出的、优秀的人，也可以是取得杰出的、优秀的成就。工匠精神中的追求卓越是指不断让自身更加优秀的工作状态和人生信念。这种状态和信念一般源于工匠的崇高使命感、自我超越的人生追求以及关注细节的工作态度。

### 1. 崇高使命

对工匠精神的弘扬和践行本身就是具有崇高使命感的表现。工匠精神对于强国、强企、育人都有着重大的价值，我们要建设社会主义现代化强国，要培育一批具有全球竞争力的世界一流企业，要培养高素质的劳动者大军，就需要追求卓越的工匠精神。对于每一位工匠来讲，追求卓越的工匠精神，充分展现了他们为国家、为民族、为社会、为人民创造最大价值的使命和担当。

### 2. 自我超越

工匠精神的本质是一种自我超越的精神，就是不断超越过去的自己。人可以对标先进典型，也可以进行自我超越。不断反省自己、完善自己、提升自己是自我超越的过程，也是追求卓越的过程。

### 3. 关注细节

俗话说，细节决定成败。追求卓越在一定意义上取决于关注细节的程度。细节在反映一个人做事、用心程度的同时，也反映出他对一件事情的重视态度及精细程度。追求卓越就需要从细节入手，寻找实现卓越的路径和方法，从而践行精益求精的工匠精神。

**探究与分享**

作为一名学生，你认为如何在学习中体现工匠精神？

## 第二节　工匠精神的时代价值

微课5

课堂导入

#### 曹彦生：匠心报国，为导弹"雕刻"翅膀

从普通机床操作工人成长为大国工匠，曹彦生创造了多项奇迹般的纪录：24岁，成为中国航天集团最年轻的高级技师；25岁，获得全国技能大赛亚军；26岁，成为最年轻的北京市"金牌教练"……成绩的背后，是他对数控技术的热爱与追求，对"航天报国"的执着坚守。

为了储备专业知识，追踪学习先进数控加工技术，每天抽空上论坛、跑图书馆成了曹彦生多年来"雷打不动"的习惯，连微信昵称都是"数控发烧友"。日常生活中，曹彦生只要看到一些复杂的结构，都要想办法加工出来，尤其是通过加工鲁班锁来练就一身过硬的技能。他运用最先进的仿真制图技术，在一次次摸索实验中，加工出来的鲁班锁间隙只有0.005毫米，相当于头发丝的1/16，肉眼根本看不出一丝缝隙，是目前加工的极致。

如今的曹彦生，承担着航天科工二院多型号产品零部件加工任务，掌握了目前国内外主流先进数控设备操作系统，他是第一个将高速加工技术和多轴加工技术复合应用于零部件生产的人，他发明的"圆弧面加工法"等绝技，获国家发明和实用新型专利，为企业节省成本上千万元。他参与研究的技术不断升级换代，为高精度导弹的研制和生产保驾护航。

> **想一想**
> 曹彦生的精益求精是怎样练就的，反映了怎样的劳动精神？

实现中华民族伟大复兴的中国梦，不仅需要大批科学技术专家，同时需要千千万万的能工巧匠。工匠精神作为一种优秀的职业道德文化，它的传承和发展契合了时代发展的需要，具有重要的时代价值与广泛的社会意义。

### 一、工匠精神的强国价值

党的二十大报告指出"加快建设制造强国、质量强国、航天强国、交通强国、网络强国、数字中国"。要成为制造强国，必须有高质量的产品作为保障。早在2015年5月8日，国务院就确定全面推进实施制造强国战略。制造业是国民经济的主体，是立国之本、兴国之器、强国之基。自18世纪中叶开启工业文明以来，世界强国的兴衰史和中华民族的奋斗史一再证明，没有强大的制造业，就没有国家和民族的强盛。打造具有国际竞争力的制造业是我国提升综合国力、保障国家安全、加快强国建设的必由之路。

## 拓展阅读

### 青岛工匠日的设立

青岛市十七届人大常委会第十次会议表决通过了关于设立"青岛工匠日"的决定。自2023年起，将每年的7月26日设立为"青岛工匠日"。

设立"青岛工匠日"，以城市名义致敬工匠，对于进一步提升工匠人才荣誉感，激励职工建功立业，加快高技能人才队伍建设，叫响'青岛工匠'品牌，打造'工匠之城'和现代产业先行城市具有重要意义。青岛将以设立"青岛工匠日"为契机，将工匠精神融入公民意识教育体系，贯穿人才培养全过程，大力开展工匠颁奖典礼、工匠巡回宣讲、工匠创新交流等活动，厚植"工匠之城"文化底蕴，打造一大批知识型、技能型、创新型工匠人才。

## 二、工匠精神的强企价值

从一定意义上讲，一个国家的竞争力取决于这个国家的企业竞争力，而企业竞争力在根本上来源于它的产品、服务或技术竞争力。工匠精神的强企价值关键在于提升产品、服务或技术的竞争力。

我国有很多家上百年的中华老字号企业，他们的成功秘诀也在于具有工匠精神。比如，在布鞋老字号内联升制作一双成鞋，不仅需要精心选材，还需要经过90多道工序，整个制鞋过程中用到的工具近40种。传统手工艺品老字号王星记，其黑纸扇的每道工序都由不同的人来完成，包括制骨、糊面、上页、折面、整形、砂磨等86道大工序，制作过程极其复杂、费时。中药老字号同仁堂，其立店箴言亦是注重手工制作的"炮制虽繁必不敢省人工，品味虽贵必不敢减物力"。尽管这些手工制作环节逐渐被机械化、自动化、智能化生产所取代，但是，其中的精益求精的工匠精神仍然需要中国的企业大力传承和弘扬，因为工匠精神是成就伟大企业的必要条件。

为了展现中国企业取得的重大成就，2013年11月6日，工业纪录片《大国重器第一季》在中央电视台财经频道首播。该片以独特的视角记录了中国装备制造企业创新、发展的历史，鲜活地讲述了充满中国智慧的机器制造故事，再现了中国装备制造企业从无到有再到赶超世界先进水平背后的艰辛历程，展望了中国装备制造企业迈向高端制造的未来前景。尽管这个纪录片反映的是中国装备制造企业的强大之路，但也是所有中国企业必然要走的强大之路。从这个意义上讲，强企从而强国的战略号角已经吹响。没有强大的劳动者大军，也难有强大的企业。因此，工匠精神的根本意义在于建设强大的劳动者大军，这也是工匠精神的育人价值。

拓展阅读

### 王星记纸扇

王星记制扇技艺，素以选料考究、技艺精湛、造型典雅、品位高档被誉为"扇中之王"。其继承千年中国扇艺精髓，保留古老而又传统杭扇生产技术，以纯天然材料、纯手工制作，工艺复杂、精细，装饰结合泥金、书画、拉烫、雕刻、镶嵌、剪贴技艺，成为实用与审美相统一的工艺美术精品。尤以黑纸扇、檀香扇最为典型，在国内外获得了颇多荣誉。王星记扇现以名师带徒传承并发扬光大，是中国传统工艺的杰出代表。

王星记扇子的制作工艺极其复杂、精细，装饰更是十分考究，与书画、雕刻、镶嵌、剪贴技艺相结合，极大地提升了扇子的艺术品位。黑纸扇是王星记的传统名扇，制作工艺集萃了历代民间制作技法。制扇技艺流程需经大小86道工序，概括为7大工序：制骨、糊面、上页、折面、整形、砂磨、撩扇。

王星记扇子采用棕竹、毛竹、梅鹿竹、檀香木、红木、乌木、牛骨、桑皮纸、宣纸、丝绸等为原料，精心取材后以清矾、黄蜡、柿漆、建煤、水牛角、黄鱼胶等为辅料，分别加工制作扇骨和扇面而成扇。王星记扇品质优关键在于选料考究，黑纸扇面采用浙江富阳、瑞安等地产的纯桑皮纸，绵韧而不易断裂。柿漆来自诸暨高山；扇骨选用广西贵州的棕竹，花纹美丽，色泽柔和且富有弹性，摇动时骨柔风轻。檀香扇选用印度的檀香木为原料，木质细腻坚硬、香味纯正、色泽典雅。一把檀香扇保存十年二十年之后，摇动扇子，依然满室生香，藏入箱内，可防虫防蛀，有"扇存香存"之称。

制作黑纸扇主要器具包括扇骨制作：锉刀、锯子、四角刀、马仪锉、鱼胶锅、敲棒、棕凳、出芯床、刀边床、烙铁、双剪、马蹄刀、揉干棒、木芨草、油灯等；扇面制作：锡铅、排笔、锉刀、板锉、铜指甲、舔刀、溜边刀等；扇面书画创作：钩线笔、狼毫笔、衣纹笔、油画笔、电炉等。制作檀香扇主要器具包括成扇制作：板锉、齿锉、半圆锉、尖锉、花色锉、刮子等；装饰创作：钢丝、钻头、弓、喷枪、烫笔、砂皮、尼龙线、针等。

王星记扇子之所以能够成为精美绝伦的工艺品，关键就在于工匠对工艺做精做细的追求。1875年，王星斋创办王星记扇庄，夫妻俩坚信"精工出细活，料好夺天工"，以生产经久耐用浸水而不走样的黑纸扇起家，以精良的做工及独特的工艺打开市场之门。王星斋对黑纸扇成品要求极高，在检查成品时，一把扇子放到水里浸4小时，取出后仍要求坚固如新，光泽不变，然后放到日光下曝晒4小时，扇子仍须平整如初，不翘不裂。一把扇子用到的扇骨花纹必须一致。制作一把40茄的黑纸扇，往往需要在4200片棕片中筛选，才能选出40片同一颜色花纹的片。

民国之初，王星斋之子王子清继承父业，他在保留传统黑纸扇的基础上，吸收日本、法国女式扇的优点，开发了一种檀香木绢面扇，施以"拉花""烫花""绘花"工艺，造型别致，风格独特。王星记檀香木绢面扇的问世，不仅赢得国内市场，还远销南洋等地。王星记扇在发展过程中，不断创新。近年，新一代艺人在坚守传统文化的前提下，深度挖掘扇子的工艺性、装饰性、文化性，增加时尚化、年轻化、品质化元素，使之成为当代人审美体验的工艺品。

## 名人名言

真正的科学精神，是要从正确的批评和自我批评发展出来的。真正的科学成果，是要经得起事实考验的。有了这样双重的保障，我们就可以放心大胆地去做，不会自掘妄自尊大的陷阱。

——李四光

### 三、工匠精神的育人价值

工匠精神强调精益求精的态度，这对职业院校学生培养自律和严谨的学风具有重要意义。工匠精神可以引导学生摆脱功利主义的束缚，培养扎实的基础知识和专业技能，形成严谨的学术态度和科学的工作方法。

工匠精神注重实践和创新，可以有效引导学生在实践中不断磨砺，勇于创新，推动技术创新的发展。

工匠精神强调职业道德和社会责任，这对于培养高素质技能人才具有重要意义。职业院校学生在做到专业过硬的同时，还要注重道德伦理的培养，践行职业操守，为社会创造价值。

## 拓展阅读

**工匠精神支撑**
**"制造大国"向"制造强国"迈进**

**柯晓宾：调试高铁的匠心玫瑰**

中国通号西安工业集团沈信公司是全球最大的铁路安全型继电器生产基地。在这里的电器中心，有一个声名远扬的继电器调整三班，每年承担着近20万台AX型继电器的调整任务，柯晓宾就是其中的一员。

继电器是铁路系统控制装置的"神经元"，其调整接点间距的误差需要控制在0.05mm~0.1mm之间，调整触片的力度要控制在200mN左右，稍有瑕疵就会影响电气特性和性能指标，导致前功尽弃。然而，看似简单的操作背后需要无数次的磨炼。为了做好这项工作，柯晓宾凭借着骨子里的韧劲，拼命钻研，不厌其烦反复练习，一个动作要练几十遍甚至上百遍。正是靠着这股韧劲儿和精益求精的态度，柯晓宾的专业技能不断提升，成为调整线上"大师级"的领头雁。

匠心传承，无怨无悔，感悟"春蚕到死丝方尽，蜡炬成灰泪始干"的奉献精神，争做"无私奉献"的"践行者"。"一点红"远不及"一片红"。几年来，柯晓宾先后带出了50名徒弟，在她毫无保留的悉心指导下，培养的青年职工中已有全国技术能手3人、中央企业技术能手7人。她所负责的班组大部分是青年员工，她结合每名员工的调整特点进行一对一辅导，有针对性地纠正手法、传授技巧。在她的精心培养下，班组20余名青年员工已经成为调整线上的新生力量。

攻坚克难，开拓创新，读懂"路漫漫其修远兮，吾将上下而求索"的探索精神，争做"敢为人先"的"拓荒者"。沈信公司自主研制的一款继电器，要求一组接点每个触头压力不小于150mN，两个触头的压力差不大于20mN。面对这个难题，柯晓宾不分昼夜地攻坚。那段时间，对她来说，吃饭时扔下筷子画图纸、下班途中返回车间测数据、缠着机加师傅搞试制，已成常态。靠着这股"疯劲儿"，她硬是成功研制出了新型接点整形工具，不仅提高了调整精度，而且提升了生产效率。

柯晓宾带领团队始终秉承"创新"理念，先后攻克生产疑难问题项目29个，取得创新成果43项，申请国家专利8项。柯晓宾以"越是艰险越向前"的气概和"千磨万击还坚劲"的斗志，奋力攻坚克难、锐意创新，交出了一份不负时代、不负人民的答卷。

### 秦世俊：航空哈飞工匠

在航空工业哈尔滨飞机工业集团的一处装备研制车间，每当有重大任务时，就会有数控铣工秦世俊的身影。他主要负责飞机起落架和旋翼零部件的加工。秦世俊介绍，由于这些零件直接关系产品性能和驾驶员的安全，所以加工精度需要精确到0.01毫米。"0.01mm相当于人头发丝的十分之一，如何才能加工出这样优质合格的产品呢？我们不但要了解材料的性能、刀具的性能，还要了解机床的性能，我们需要把这些都掌握好。"

目前，秦世俊已经从一名普通岗位工人成长为我国航空领域中旋翼、起落架、数控加工零件制造的知名专家型技能人才和航空工业首席技能专家，还带领团队获得了一次又一次技术性突破。秦世俊说："希望可以培养出更多的年轻人，在航空装备上注入新鲜的血液，让我们的航空梦能早日实现，让中国制造业在世界上更有话语权。"

### 郑志明：汽车制造专家

汽车制造业是所有工业部门中产业链最长、带动效益最大的一种产业，汽车零部件生产对精确度要求非常高，小小的间隙问题很可能导致生产出来的零件不合格。在广西汽车集团，首席技能专家郑志明仅凭眼看、耳听和手感，就能使零件精度误差控制在0.002mm以内。此前，一批汽车后桥在整车总装时出现噪音过大的情况，厂里高薪聘请的外国专家也没有解决问题。郑志明和团队设计制造出高精度的噪音检测设备，成功将噪音发生率降到了0.002%。郑志明说："非常自豪，觉得靠咱们的力量也不输给别的汽车制造发达国家，对咱们国家的汽车制造业就非常有信心。"

> **探究与分享**
> 小组讨论，工匠精神的当代价值体现在哪些方面？

## 第三节　践行工匠精神

### 管延安："深海钳工"第一人

中国"深海钳工"第一人、全国五一劳动奖章、全国技术能手、全国职业道德建设标兵、全国最美职工、中国质量工匠、大国工匠、齐鲁大工匠……一系列沉甸甸的荣誉集于一身，他就是中交第一航务工程局第二工程有限公司总技师管延安。

在参建港珠澳大桥的5年里，管延安和工友们先后完成了33节巨型沉管和6000吨最终接头的舾装任务，做到手中拧过的60多万颗螺栓零失误，创造了中国工匠独有的技艺技法。从第一颗螺栓到最后一颗螺栓，都是在管延安带领下认认真真一颗一颗拧紧的。在每一件设备、每一颗螺栓安装后，管延安都坚持做到反复检查才放心。

以蝶阀安装为例，安装前检查蝶阀和各个零部件三遍。安装后，再检查三遍，最后还要调试检验。在长期的工作中，管延安养成了一个习惯：给每台修过的机器、每个修过的零件做记录，将每个细节详细记录在施工日志上，遇到任何情况都会"记录在案"，里面不但有文字，还有自创的"图解"。在港珠澳大桥建设期间，他同样制作了"图解档案"，其中的几本被收录进港珠澳大桥沉管预制博物馆。港珠澳大桥管理局副局长余烈曾这样评价管延安："凡他经手的每个螺钉紧固、设施测试都安全可靠，这种作风是'工匠精神'的具体体现，也正是这种精神，成就了港珠澳大桥这一世纪工程的高品质。"

### 想一想

管延安的工匠精神具体体现在哪里？

我们学习和弘扬工匠精神的主要目的，就是通过践行工匠精神，成为更好的自己，最终成为专业领域内或行业内的工匠人才。每个劳动者都应该践行工匠精神，打造自己的绝技、绝活儿，成就自己的美好人生。践行工匠精神不是一件容易的事情，关键在于认识自己。而要全面认识自己需要从兴趣、理想、信念、责任、态度、习惯等几个方面着手，做到兴趣浓厚、理想远大、信念坚定、勇担责任、态度积极、习惯优良。

## 一、兴趣浓厚

兴趣是最好的老师。工匠精神的践行必须建立在兴趣浓厚的基础之上。最感兴趣的事物中隐藏着人生的目标和方向。当一个人从事他喜欢的工作时，他的潜能将会得到最大限度的发挥。如果一个人始终在做自己感兴趣的事情，即使一开始进展不如想象中的顺利，但只要肯花时间去学习，全身心地投入其中，持续努力，自然会把事情越做越好。

## 二、理想远大

工匠精神的践行需要有浓厚的职业兴趣，更需要远大理想的引领。理想是生活的动力源。人生因追逐理想而向前奔波，在理想的指引下走向完美、走向辉煌。一个人追求的目标越高，他自身的潜能才能发挥得越充分。人之伟大或渺小都决定于志向和理想。伟大的毅力只为伟大的目标而产生。只有那些怀抱理想、志存高远、奋斗不息的人，才能完美地冲刺到终点。目标对人生有着巨大的导向性作用。成功在一开始仅仅就是一个选择。你选择什么样的目标，就会有什么样的人生。

## 三、信念坚定

工匠精神的践行还需要有坚定的信念作为支撑。信念就是对自己职业或事业乃至人生有坚定的信心。有什么样的信念，就有什么样的人生。信念是锤炼人们钢铁意志的熔炉，更是一种不屈不挠的坚持。

人生从坚定的信念出发，生活从选定的方向开始。信念是黑暗中的光亮，让我们在踌躇迷惘中找到自我；信念是一种心胸的豁达，因为锁定目标而不计较细枝末节。坚定的信念比成功本身更重要，人生只有难免的挫折，没有绝对的失败，很多成就都来自决不妥协的信念。只要信念在，希望就在。信念是一种无坚不摧的力量，当人坚信自己能成功时，往往就能取得成功。

## 四、勇担责任

工匠精神需要勇于承担责任。很多工匠几十年如一日，坚守某一项技艺技能，就是为了做出精品和极品。托尔斯泰曾说过，责任是一种意识、一种精神、一种态度、一种超越能力的素质。责任更多的不是体现一个人的学识、水平和能力，而是体现一个人的品格，体现一个人的价值观和思想境界。

## 五、态度积极

态度是个人对他人、个人对事物、个人对现象等较持久的肯定或否定的内在价值倾向。好的态度是成就大事的必备条件，态度决定着一个人的前途和命运。成功者倾向于用积极的态度思考，用乐观的精神和丰富的经验掌控自己的人生。而失败者恰恰相反，他们的人生是受过去的种种失败与疑虑所引导和支配的。心理学家和哲学家威廉·詹姆斯曾经说过，我们这一代人最伟大的发现就是，人类可以借改变心中的态度来改变人生。生活中那些成功者的最大特点，就是无论何时何地对于何事都能持有正确的态度，即使有时候态度不正确也能及时加以调整。

## 六、习惯优良

工匠精神体现的是工匠的优良习惯。因此，工匠精神的践行必须建立在优良习惯的基础之上。有人说过，播下一种心态，收获一种思想；播下一种思想，收获一种行为；播下一种行为，收获一种习惯。好的习惯不仅能促使人成功，而且能改变人的命运。好的习惯可以使人受用一生。好习惯养成得越多，驾驭自己的能力就越强。

一个人最大的敌人是自己，改变坏习惯也是战胜自己和征服自己的过程。生活总是属于能战胜自己的强者，只有强者才能改变命运，是赢是输完全取决于你自己。形成一个习惯的重要方式是重复。为了养成好习惯，好行为必须重复。一旦形成好习惯，我们就更容易实施好计划和行动。没有积极的行动就不可能取得成功。只要习惯与目标一致，做习惯的主人，不做习惯的仆人，就可以彻底改变坏习惯，形成好习惯。

### 21 天法则定律

21 天法则定律，又称为 21 天养成习惯法则，是指一个人坚持做某件事情 21 天后，就能够形成一种习惯，这个习惯将会成为自己生活中的一部分，从而达到自我成长和提升的目的。

21 天法则定律的原理是：人的大脑需要时间去适应新的行为模式，当一个人坚持 21 天不断地重复同样的行为时，大脑会逐渐形成新的神经通路，这种行为会变得更加容易和自然。21 天不是一个固定的时间，它可能会因人而异，但是适当的重复和坚持是养成习惯的关键。

从心理学的角度来看，21 天法则定律是一种自我感知的方式。当我们坚持做某件事情 21 天后，我们会感到自己的自控力和自律性得到了提升，这种感觉会促使我们继续坚持下去，从而形成一个良好的习惯。在实践中，这种感知可以帮助我们应对生活中的挑战和困难，提升自己的心理素质。

从生活的角度来看，21天法则定律可以帮助我们养成健康的生活习惯。例如，每天锻炼、早睡早起、饮食健康等习惯，这些习惯可以帮助我们保持身体健康、提高工作效率和生活质量。我们可以通过制定合理的计划和目标来达到21天养成习惯的目的。

总之，21天法则定律是一种有效的自我成长和提升的方法。通过坚持不懈的重复和养成良好的习惯，我们可以改变自己的行为模式，提高自己的自控力和自律性，从而实现自己的目标和理想。

### 探究与分享

你认为应该怎样践行工匠精神，共建共享中国梦？

# 第三章　劳模精神

 **知识目标**

- 认知劳模的本质。
- 明确什么是劳模精神。

 **素质目标**

- 认真体会劳模精神，并在日常生活中自觉践行劳模精神。
- 在日常生活中自觉弘扬劳模精神，争当"劳模"。

## 第一节　解读劳动模范

　课堂导入

王进喜：为祖国献石油的铁人

微课 7　动画 5　动画 6

王进喜，1923 年 10 月生于甘肃省玉门市，15 岁时到玉门油矿当童工。新中国成立后到玉门钻井队工作，1956 年加入中国共产党。历任钻井工、司钻、钻井队长，钻井指挥部钻井二大队大队长、钻井指挥部副指挥等职务。

1958 年 9 月，他带领 1205 钻井队创造了月进尺 5009 米的最新纪录；1959 年创年钻井进尺 7.1 万米的全国最新纪录。同年，王进喜作为 1205 钻井队代表，出席了全国群英会，参加了新中国成立 10 周年国庆观礼。

1960 年 3 月王进喜带领 1205 钻井队从玉门来到大庆。他带领全队把 60 多吨重的钻机设备化整为零，采用人拉肩扛的办法把钻机和设备从火车上卸下来，运到马家窑附近的萨 55 井，安装起来。由于水管线还没接通，罐车又少，王进喜就带领工人到附近水泡子破冰取水，用脸盆端了 50 多吨水，保证萨 55 井正式开钻。饿了，啃几口冻窝窝头；困了，裹着老羊皮袄打个盹……通过全队工人的共同努力，只用了 5 天零 4 个小时就打

完了油田上第一口生产井。

第一口井钻完后，王进喜被钻杆堆滚下的钻杆砸伤了脚，当时昏了过去，但他醒来后还继续工作。领导把他送进医院，他又从医院跑到第二口井（2589井）的井场，挂着双拐指挥打井。钻到约700米时，突然发生井喷，井场没有压井用的重晶石粉，经过研究，决定采取加水泥的办法提高泥浆密度压井喷。水泥加进泥浆池就沉底，又没有搅拌器，王进喜扔掉拐杖，跳进泥浆池，用身体搅拌泥浆；其他同志也纷纷跳入泥浆池，终于压住了井喷，保住了钻机和油井。

> **想一想**
> 1. 你知道哪些劳模？他们分别从事什么工作？
> 2. 说一说你认为劳模应该具备哪些特质。

## 一、劳动模范的内涵和分类

劳动模范简称劳模，是在社会主义建设事业中成绩卓著的劳动者，经职工民主评选，有关部门审核和政府审批后被授予的荣誉称号。劳动模范是民族的精英、人民的楷模、共和国的功臣。

劳动模范分为全国劳动模范与省、部委级劳动模范，有些市、县和大企业也评选劳动模范。全国劳动模范是党中央、国务院授予在社会主义建设事业中做出重大贡献者的荣誉称号，目的是弘扬劳模精神，弘扬劳动精神，弘扬中国工人阶级和广大劳动群众的伟大品格。与此同级的还有"全国先进生产者""全国先进工作者"称号。

劳模普遍都具有爱岗敬业、争创一流、艰苦奋斗、勇于创新、甘于奉献、自力更生的精神，富有劳动热情和创造潜能，用自己的辛勤劳动和聪明才智为祖国的繁荣昌盛做出了突出贡献。

## 二、劳动模范评选见证时代发展

中华人民共和国成立之初，国家就开始评选和表彰劳模了。我国第一代劳模知名度很高，他们的名字几乎家喻户晓，如大庆"铁人"王进喜、掏粪工人时传祥、"杂交水稻之父"袁隆平、纺织工人赵梦桃、农业劳模申纪兰……

20世纪五六十年代，全国劳模绝大多数都是工人、农民。改革开放以来，更多行业的能人走上劳模奖台。科教文卫体，各行各业辛勤工作的人都可以有当劳模的梦想。搞科研的知识分子也能当上劳模，比如陈景润、蒋筑英。2005年起，私营企业家或者农民工，也有机会当劳模。那年，全国劳模评选名单上第一次出现了30多名私营企业家和23位农民工。到了2015年，程序员、销售员也有机会评全国劳模，比如网络语音架构师贾磊、商场化妆品销售员龚定玲。

几十年来，全国劳模的结构越来越多元，有基层劳动者，也有高学历技术人才，有理科生、工科生，也有文科生。劳模结构在变化，劳模的内涵也在发展中变得越来越丰富。如今，我国经济已进入高质量发展阶段，需要更多知识型、技能型、创新型劳动者，只要有想法、肯干事、敢创新，任何人都有机会成为劳模。

### 探究与分享

了解近年来的劳模事迹，探究什么样的人能当劳模？

### 学思践悟

劳动模范是民族的精英、人民的楷模，是共和国的功臣。我国是人民当家做主的社会主义国家，党和国家始终坚持全心全意依靠工人阶级方针，始终高度重视工人阶级和广大劳动群众在党和国家事业发展中的重要地位，始终高度重视发挥劳动模范和先进工作者的重要作用。

——2020年11月24日习近平在全国劳动模范和先进工作者表彰大会上的讲话

## 拓展阅读

#### 习近平给中国劳动关系学院劳模本科班学员的回信

中国劳动关系学院劳模本科班的同志们：

你们好！"五一"国际劳动节前夕，收到你们的来信，我感到十分高兴。你们为党和国家事业发展做出了突出贡献，被评为劳动模范，如今又在读书深造，这是对大家辛勤劳动、无私奉献的褒奖，也是党和国家对劳动者的关怀。

社会主义是干出来的，新时代也是干出来的。希望你们珍惜荣誉、努力学习，在各自岗位上继续拼搏、再创佳绩，用你们的干劲、闯劲、钻劲鼓舞更多的人，激励广大劳动群众争做新时代的奋斗者。

我一直强调，劳动最光荣、劳动最崇高、劳动最伟大、劳动最美丽。全社会都应该尊敬劳动模范、弘扬劳模精神，让诚实劳动、勤勉工作蔚然成风。

值此"五一"国际劳动节之际，我向你们、向全国所有劳动模范、向全国广大劳动者，致以节日的问候。

习近平<br>2018年4月30日

## 第二节　探究劳模精神

### 黄大发：千米悬崖上凿山引水，只为村民有水喝有米吃

1935年，黄大发出生于贵州遵义草王坝的贫困山区。这里极度缺水，导致当地的农业发展困难，人民长期生活在饥饿和苦难之中。

1958年，23岁的黄大发当选为草王坝大队大队长。看着地里因干旱缺水，而逐渐发黄的庄稼，黄大发萌生了一个的想法：他要结束草王坝贫困的历史，他要改变这里百姓缺水的生活。他发誓要为乡亲们开辟出一条救命致富的引水之渠。

黄大发带着村民们在悬崖峭壁之上，用锄头，钢钎，铁锤和双手开始了开凿水渠的工作。他们开凿隧道，然后顺着悬崖引来大山背后的河水，解决当地的缺水问题。在施工过程之中，黄大发既是指挥长，也是技术员。

考察、学习、开渠……在绝壁上耕耘希望。年过半百，黄大发对于开凿水渠的事情却愈发地执着。经过多方奔走申请，经过专业的测绘和精心的谋划，1992年，修渠工程终于立项。黄大发终于看到了梦想实现的曙光，他处处冲在最前面，始终不愿意休息片刻。春节还没有过完，黄大发就带领着几百人上山修渠，寒风刺骨，空气凛冽。没有吊车，只能用麻绳绑着腰在山上凿石头，没有发达的交通工具，而且就算有，当地的山路也无法通行。他一天的大多数时间，都坚守在工程现场，遇到问题时，都是第一个出现。

水渠修到一处悬崖时，出现了意外，为了找到问题的根源，不耽误工期，快60岁的黄大发用麻绳系在自己的腰部下悬崖探索。他不计较个人的利益与得失，为了当地百姓能够过上好日子，他做什么都心甘情愿。

潺潺渠水，滋润了祖祖辈辈干渴贫穷的村庄，经历30多年的漫长岁月，黄大发终于和乡亲们在悬崖峭壁之上，开出了一条连绵近10公里的水渠。

草王坝村的活水已经来了，但黄大发的工作并没有结束。这不过是他改造落后山区的第一步，他要带领当地的百姓过上好日子，仅仅开挖一条水渠是远远不够的。

主渠开通之后，他又和村民一起修建了其他支渠，确保水源一直能够正常供应。解决了水的问题之后，他带领着村里人改造土地，将一切原来不能种地的干旱之地，改造成为了良田。

经历了30多年的时间，他终于实现了自己年轻时的承诺，让当地的百姓都吃上了白米饭。当地的百姓十分感恩黄大发的付出，在这条水渠开通之后，把它命名为"大发渠"，以此来纪念他的功绩。他也被誉为"当代愚公"。

随后的几年里黄大发促成了一系列基础设施建设，通电、通路、通水全部变成了现实。草王坝村的生活蒸蒸日上，草王坝的百姓过上了前所未有的好日子。黄大发也因此获得了"全国道德模范""时代楷模""2017年度感动中国人物""2020年劳动模范""七一勋章"获得者等许许多多的荣耀。

如今，黄大发已经88岁高龄了，依照他的功绩，完全可以过上安静富裕的晚年生活，可这位"愚公"没有停下自己的脚步，而是继续行走，80多岁的他依旧忙碌在为当地谋发展的道路上。在他看来，作为一名共产党人，要有信念、有党性，带领群众改变家乡面貌，一起奔赴幸福生活！

**想一想**

1. 黄大发在悬崖上凿山引水，他的动力是什么？
2. 你体验过劳动付出的快乐吗？你愿意为了什么而努力？

## 一、劳模精神的内涵

劳模所体现出来的人文精神，代表着一个时代的价值观、道德观和精神风貌，展现了中华民族顽强拼搏、自强不息的崇高品格，体现了我们伟大民族与时俱进、开拓创新的精神风貌。

劳模精神表现为爱岗敬业、争创一流、艰苦奋斗、勇于创新、淡泊名利、甘于奉献等，是伟大时代精神的生动体现，也是广大劳动者学习的典范。向劳模学习，向工匠致敬已成为一种社会风尚。

### 1. 爱岗敬业、争创一流

爱岗敬业、争创一流是劳模精神的特征，是劳模的奋斗目标，更是我们在职业生活中应当遵循的道德要求和行为准则。它反映的是劳动者对待自己职业的一种基本态度，体现的是劳动者对工作岗位的热爱，以及勤奋努力、尽职尽责的道德操守。

志于道，据于德，依于仁，游于艺。

——《论语·述而》

### 2. 艰苦奋斗、勇于创新

艰苦奋斗是中华民族的优良传统，包括两个方面：一是艰苦，二是奋斗。艰苦是指客观环境和条件，奋斗是主观进取，艰苦奋斗即用主观行动战胜客观环境和条件，艰苦和奋斗紧密相连。

艰苦奋斗的精神与时俱进。战争年代，"中国的保尔·柯察金"吴运铎、"新劳动运动旗手"甄荣典等劳模艰苦奋斗，推动了中国共产党领导的人民解放事业；社会主义建设时期，"高炉卫士"孟泰、"铁人"王进喜、"两弹元勋"邓稼先等劳模艰苦奋斗，使我国的社会主义建设事业迈上一个新的台阶；在新的历史时期，"中国航空发动机之父"吴大观、"知识工人"邓建军、"白衣圣人"吴登云等劳动模范艰苦奋斗，助力我国的社会主义现代化建设，助力中国梦的现实。

创新是民族进步的灵魂，是一个国家兴旺发达的不竭源泉，也是中华民族最深沉的民族禀赋。想要创造不平凡的业绩，勇于创新是关键。勇于创新是劳模身上最闪亮的特质，也是时代精神的体现。作为推动社会进步和引领发展的动力，创新能够提高劳动生产率，能够促进经济社会可持续发展，能够使中华民族屹立于世界民族之林。

从1956年我国航天事业起步，到如今我国取得运载火箭、载人航天、月球探测、卫星遥感、卫星通信等一系列辉煌成就，从近代贫困潦倒、食不果腹到如今成为粮食产业大国，实现全球首次在热带沙漠种植水稻，为保障全球食品安全再添中国贡献，每次飞跃与进步无不体现着创新的重要性。新时代的劳模鲜明地诠释着创新的重要性，他们积极奋战，勇于创新，推动中国制造向中国创造转型，是社会主义建设的创新主力军和排头兵。

古之立大事者，不惟有超世之才，亦必有坚忍不拔之志。

——苏轼

### 3. 淡泊名利、甘于奉献

淡泊名利指的是劳动者轻名忘利，不为名利所累，不为身外之物所困；甘于奉献指的是在工作中敢于牺牲与奉献、舍己为人，这二者共同构成劳模精神的品格特征。

"天下熙熙，皆为利来。天下攘攘，皆为利往。"自古至今，世人都有着对名利的追求和向往，但是作为普通大众中的一员，劳模在努力工作、创造卓越成就的过程中，在从一线工人到行业带头人的角色转换中，始终坚持毫不利己、专门利人、淡泊名利、大爱无疆的奉献精神，对人民高度负责，默默无闻地付出，从不计较利弊得失，讲求吃苦在前，享受在后。

全国劳模、江苏省江阴市华西村原党委书记吴仁宝，带领华西村干部和群众艰苦奋斗，成功地把昔日偏僻落后的华西村建成了富裕、美丽的"天下第一村"。但他作为华西村30多年的"老当家"，却始终清正廉洁、淡泊名利、甘于奉献，坚持做到不领全村最高工资，不住全村最好的房子。虽然政府给予他的奖金累计超过1.3亿元，但是他分文未取，全部留给集体。

雷锋精神的传承者郭明义20多年来无偿献血6万毫升，相当于自身血液的10倍多，还为希望工程、身边的工友和灾区群众累计捐款12万元，先后救助180多名特困生，成立了"郭明义爱心团队"。

淡泊名利、甘于奉献不仅是劳模精神的品格特征，也是中华民族精神的重要组成部分，是共产党员应有的精神追求。习近平总书记号召以黄大年同志为榜样，"学习他淡泊名利、甘于奉献的高尚情操"。这既是对黄大年精神的高度评价，也是对党员干部和广大人民群众的勉励和要求。

在新时代，我们要学习和弘扬劳模精神，把爱岗敬业、争创一流，艰苦奋斗、勇于创新，淡泊名利、甘于奉献的劳模精神转化为自己的信念动力，融入自觉行动，争做不务空名的行动者和兢兢业业的奉献者；牢记初衷，砥砺前行，把自己的梦想融入实现中国梦波澜壮阔的奋斗之中，书写无愧于时代的人生精彩诗篇。

## 二、弘扬劳模精神的意义

### 1. 劳模精神是中国精神的重要组成部分

劳模精神是中国精神的重要组成部分，是宝贵的精神财富，是第一批纳入中国共产党人精神谱系的伟大精神。

新中国成立后，特别是改革开放和进入新时期以来，无数的劳模继承和发扬中国人民的伟大品格和崇高精神，坚守信念、追求梦想，立足岗位、发挥才干，为祖国发展和人民幸福做出了卓越的贡献。他们用自己的辛勤劳动和开拓创新，充分展示了中华民族顽强拼搏、自强不息的崇高品格，充分体现了中国人民与时俱进、开拓创新的时代风貌。他们的精神，已经化作我们的思想，融入我们的灵魂，丰富着中国精神的内涵，提升着中国精神的高度。

### 2. 劳模精神是促进社会主义建设发展的有效途径

劳模始终坚持把国家和人民的利益放在首位，生动形象地展示着爱国主义情怀。在新时代，弘扬劳模精神既能有效促进中华民族传统美德的传承，又能促成社会主义核心价值观的践行。因此，劳模精神不仅是社会道德进步的动力，更是促进社会主义建设发展的有效途径。

### 3. 劳模精神是培育时代新人的重要手段

"青年兴则国家兴，青年强则国家强。青年一代有理想、有本领、有担当，国家就有前途，民族就有希望。"新的时代和使命呼唤新的担当，作为时代新人，要具备理想信念、过硬本领和责任担当。劳模精神作为劳动精神的积极呈现，对于培养时代新人有着不同寻常的价值，是培育时代新人的重要手段。

**名人名言**

人生最大的快乐，是自己的劳动得到了成果。

——谢觉哉

**拓展阅读**

#### 徐丁丁：一颗惠阳心　一份螺旋桨情

徐丁丁，现任航空工业惠阳副总工程师，被聘任为中国航空工业集团有限公司特级技术专家，享受国务院政府特殊津贴。主要负责航空螺旋桨的预研、科研、技术质量问题的处理及培训指导等工作，是我国航空螺旋桨领域的领军人物之一。

航空螺旋桨专业独特，目前国内大专院校都还没有设置该专业，同时国内无专门的研究机构，因此技术人员主要靠航空工业惠阳公司自行培养。惠阳公司的研发设计单位也成为国内领先的航空螺旋桨研究机构。

徐丁丁作为带头人，从设计员、室主任、所长再到副总工程师，边干边学，一步一个脚印，一路走来，逐步成为航空螺旋桨研发设计领域的专家。

长期在航空螺旋桨研究领域的辛勤工作，使徐丁丁经历了多种型号任务的磨炼，积累了丰富的经验。他善于总结和积累，努力跟踪世界先进水平螺旋桨技术，提出我国螺旋桨发展规划，主持编写多项论证方案、设计方案和工作汇报，把几乎所有的时间和精力都用在技术攻关上，快速提升了我国航空螺旋桨产品的研制水平。

三十多年来，他带领团队完成多个国家重点型号研制任务，大幅提升我国航空螺旋桨的研发能力，进一步缩短与国外先进航空螺旋桨的差距，为提高我国航空螺旋桨研制水平做出了突出贡献。他的科研成果先后获得国家科学技术进步奖二等奖1项，国防科学技术奖一等奖、二等奖、三等奖各1项，航空工业集团公司科技奖二等奖1项，第三届中国军民两用技术创新应用大赛金奖；还获得过2项发明专利、1项实用新型专利。

2009年，徐丁丁参与研制的复合材料螺旋桨通过设计定型，标志着我国成为世界上第4个可以研制大型复合材料航空螺旋桨的国家。

徐丁丁先后获得河北省劳动模范、新中国航空工业创建60周年"航空报国"突出贡献奖、全国五一劳动奖章等荣誉称号。2020年再获全国劳动模范殊荣。

徐丁丁说，他出生在惠阳这片热土，是惠阳这个军工企业、航空企业的"第二代"，对企业、对职工、对产品有着深厚的感情，凭着这份持续执着的感情，有责任为惠阳公司、为我国航空螺旋桨的发展，缩小与国外螺旋桨技术差距做出贡献。他经常讲，"我有一颗惠阳心、一份螺旋桨情"。

### 探究与分享

徐丁丁的"惠阳心""螺旋桨情"是如何体现的？

### 学思践悟

社会主义是干出来的，新时代是奋斗出来的。这次受到表彰的全国劳动模范和先进工作者，是千千万万奋斗在各行各业劳动群众中的杰出代表。他们在平凡的岗位上创造了不平凡的业绩，以实际行动诠释了中国人民具有的伟大创造精神、伟大奋斗精神、伟大团结精神、伟大梦想精神。希望大家珍惜荣誉、保持本色，谦虚谨慎、戒骄戒躁，继续发挥示范带头作用。

——2020年11月24日，习近平在全国劳动模范和先进工作者表彰大会上的讲话

## 第三节　践行劳模精神

微课9

**课堂导入**

### 韩庆芳：在传承中创新

河北省曲阳陈氏定窑瓷业有限公司韩庆芳创新工作室获得"全国工人先锋号"称号。作为当代定窑第二代传承人的优秀代表，韩庆芳始终坚定地认为："创新是企业发展的基石。"

"从小与定瓷结缘，从此就再也离不开了，"韩庆芳笑道，"我姥姥家在曲阳县北镇村。北镇村是蜚声海内外的中国五大名窑之一定窑的原产地，至今还遗留着13座高大的瓷片堆。我舅舅陈文增当时在保定地区工艺美术定瓷厂工作，是定瓷研究小组的一员。每次看到舅舅设计的图纸、画的装饰纹样，我都十分喜欢，小小的心里也种下一个愿望，长大了也要做漂亮的定瓷。"

1997年，韩庆芳大学毕业，她便毫不犹豫地选择了曲阳陈氏定窑瓷业有限公司。但是刚开始，韩庆芳更多的是做现金会计、验瓷员、库管员等工作，与定瓷的研究创作并没有太大关联。尽管如此，韩庆芳一有时间就对舅舅陈文增的刻花作品，公司总工艺师、高级工艺美术师和焕的剔花作品，还有其他工艺师的作品反复进行琢磨和研究。"看得多了，对这些装饰方法就有了自己的理解。于是，我就利用晚饭后的时间，从院子里搬来废弃的模具注浆，用注浆坯子学刻花，"韩庆芳说，"最终，我刻苦学习的态度打动了舅舅，从此，他时常指导我的刻花技艺，和焕老师也开始向我传授剔花技艺。"

通过陈文增、和焕两位前辈的悉心指导，再加上自己勤思苦练，韩庆芳的技艺很快有了长足的进步：刻花作品线条流畅，布局疏朗有致；剔花作品刀法简洁爽利，构图富丽大方。"不仅需要学习、传承，更需要创新。"韩庆芳坚定地认为，只有不断创新，这些传统技艺才能再次焕发生机，企业才能继续发展。为此，韩庆芳勇于探索，不断创新，在工作实践中发明了"以线引枝"构图模式和"全斜刀法"雕琢技艺、"阴阳刻相结合"刀法。

曲阳陈氏定窑瓷业有限公司董事长庞永辉对韩庆芳的创新思路赞许有加。他介绍，"以线引枝"是一种高产的构图方式，为定窑文化产业创造了良好的经济效益与社会效益，装饰性强，为初学者提供了便利，为剔花人才队伍的发展壮大打下了生态基础；"全斜刀法"技术含量高，可操作性强，为定窑装饰领域的逐步拓宽做出了贡献；"阴阳刻相结合"刀法使定窑剔花艺术构图丰富、规整，简洁大方，呈现出精巧的雅致美，极大地丰富了当代定窑装饰的艺术性和可发挥性。

同时，为进军艺术品市场，曲阳陈氏定窑瓷业有限公司又成立了以韩庆芳名字命名的创新工作室，以积极开拓新的装饰技法。

韩庆芳介绍："我们研制开发的滚压成型盖杯、茶杯、餐具等系列产品，在产品局部印花或阴纹剔花，其艺术效果比传统印花、剔花更为简洁、素雅，不但降低了成本，而且提高了成品率。"

因为兴趣而坚守，因为坚守而做到极致。如今的韩庆芳已获得诸多荣誉：享受国务院特殊津贴专家、全国五一劳动奖章获得者、河北省工艺美术大师、河北省陶瓷艺术大师、河北省突出贡献技师、河北省十大金牌工人、河北省技术能手、河北省三八红旗手标兵……

但她并未停止脚步。韩庆芳说，她有一个梦想——让当代定瓷走进千家万户，再现辉煌。

> **想一想**
>
> 同学们，读完韩庆芳的故事，想一想她是怎样成为全国劳模的？

劳模精神中，爱岗敬业是本分，争创一流是追求，艰苦奋斗是作风，勇于创新是使命，淡泊名利是境界，甘于奉献是修为。做一个守本分、有追求、讲作风、担使命、有境界、有修为的劳动者，是每一位劳模的精神风范，更是每一位劳动者应该追求的目标。

## 一、在学习中践行劳模精神

劳模精神体现在学习中，就是刻苦钻研、不畏艰苦，孜孜不倦地学习科学文化知识，勇于探索和创造，不断提高政治理论和科学文化水平，不断完善自己的人格。作为学生，我们应时刻牢记：在学习上没有捷径可走，科学的学习方法可以提高学习效率，但科学的方法不等于捷径，如果有好的方法，但不付出艰苦的学习劳动，任何人都无法获得成功。

## 二、在工作中践行劳模精神

劳模精神体现在工作中，就是要在平凡的岗位上践行劳动理念，在本职工作中培育劳动情怀，自力更生、奋发图强、不怕困难、不畏艰险地去完成各项任务。在工作中践行劳模精神，还要求我们学习并践行劳模的工作态度、工作作风、工作方式，学习他们看待工作的视角，推动工作的贯彻落实、创新发展。

能正确地提出问题就是迈出了创新的第一步。

——李政道

### 非遗传承人邓永久，十四年磨一"笺"

**陈列馆里传播非遗文化**

沈阳市传统造纸技艺陈列馆"藏"在沈阳市和平区联营社区服务中心里。这里陈列着唐、宋、元、明、清代的宣纸，400种制笺颜料和原材料，以及1000余个国内外造纸厂的纸样。

将陈列馆设在社区，向参观者提供手工造纸、铃拓体验，邓永久这样做的初衷是让非物质文化遗产融入现代生活。

"要全身心投入，手眼统一，注意手法，用力均匀……"在邓永久指导下，孩子们跃跃欲试，东北育才学校初中部学生徐乐馨先用刷子将印上的灰尘洗刷干净，接着依次上纸、捶打、上墨、取下拓片。看到亲手铃打出的作品，她兴奋不已，"中华传统技艺太有魅力了。"

"制笺是一门小众艺术，但承载着厚重的中国文化。艺术可以小众，但文化传播一定是大众的。"邓永久说。

在邓永久的努力下，目前已有1.2万人这在家微型陈列馆里了解并体验了制笺技艺。

**勾、刻、纸、墨，样样下功夫**

设计勾描是制笺的第一道程序，用中锋或侧锋深墨勾描，用墨痕制作出准确的雕刻稿。接下来是刻版，齐派制笺选用梨木，其木质密、吸水量小，适合精雕细琢。

沈阳气候干燥，不利于制笺的宣纸长期保存，为此，邓永久开始琢磨改进原料。多次尝试后，他加入了3味中药作为辅料，大大提高了宣纸保存时间。经他制作的宣纸，纸质洁白、细腻、柔滑，韧而不脆。

邓永久在沈阳苏家屯农村长大，初中毕业后考入常州纺织学校染织美术专业，毕业后分配到沈阳一所学校当老师。随着市场经济大潮涌入，他踏出校门，从制作名片、条幅开始"折腾"，很快就赚到了第一桶金。

2008年，邓永久拜齐白石弟子周铁衡之子周唯新为师，学习齐派印谱制作和铃拓技艺。

经过他的创新传承，2019年，传统印谱制作和铃拓技艺获批沈阳市非物质文化遗产。

"上新"文创产品

2016年10月，邓永久劳模创新工作室成立。他组织劳模团队在传承传统手工木版水印制笺技术的基础上，整理齐派制笺技艺，并成功申报非遗创新成果。

邓永久还根据周铁衡创作的盛京八景作品，采用梨木手工雕版，运用传统技艺手工刷印将其制成信笺，在沈阳文创圈受到欢迎。

这之后，邓永久和团队成员借鉴清代七大藏书阁之一——盛京文溯阁所藏《四库全书》的装帧，运用齐派制笺技艺，遴选精品宣纸，刷印制成四色文溯阁《四库全书》信笺，为沈阳又"上新"了文创作品。

"作为非遗传承人，就是要让笺纸技艺更多地在生活中精彩亮相。"邓永久说。

眼下，邓永久也有自己的烦心事——愿意学这门手艺的人太少了。他期待，有更多年轻人研习这门传统技艺，让老手艺传承下去并焕发新光彩。

### 探究与分享

请根据自己的实际情况进行小组探究，目前我们应该怎样践行劳模精神？

# 第四章　大国尚技

 **知识目标**

- 了解我国职业教育的使命和发展。
- 了解新时代下社会发展的目标；了解新时代对人才的要求。

 **素质目标**

- 确立符合时代要求的职业理想；树立正确的成才观和就业观，树立职业荣誉感。
- 立足现实，练就过硬本领，树立职业荣誉感，绘制职业生涯蓝图。

## 第一节　绘制梦想蓝图

 课堂导入

微课10

**学无先后，达者为师**

邢小颖，一位火遍网络的授课教师。作为一名高职毕业生给清华大学的学生讲课，会让很多人觉得不可思议。

高考那年，邢小颖成绩无缘本科，最终选择了陕西工业职业技术学院的材料成型与控制技术专业。在校三年，超过总学时一半的实训课使她掌握了扎实的专业技能，凭借不服输的劲头，以优异的成绩争取到了去清华大学实习的机会，并通过重重考核顺利入职为本科生讲授实践课。

邢小颖并没有因此停下学习的脚步，2015年，她报考了中国地质大学的专升本，2017年顺利拿到学士学位。工作之余，她在专业领域做研究、发论文、申请专利，不断提升自己，2021年获评工程师职称。就这样，梦想和努力让一位职校毕业生站稳在我国最高学府的讲台上。

这份成绩告诉更多人，只要拥有梦想，坚信"一技之长"是人生最大的底气，职校生也可以拥有出彩的人生。

> **想一想**
> 1. 邢小颖是怎样从职校生走进清华大学当老师的？
> 2. 什么是职业生涯？邢小颖是如何规划自己的职业生涯的？

刚刚迈入职业学校大门的你，梦想过未来吗？青年时代是多梦的时代，每个人都有理想和追求，都有自己的梦想。这是多彩的梦，是走向社会的梦，是憧憬未来的梦。每个人都可以绘制属于自己的梦想蓝图。

## 一、树立职业理想

理想是人们对未来有根据的、合理的想象和希望。理想的内容反映的是追求，体现的是抱负。理想犹如人生道路上的明灯，为我们的未来指明方向。风华正茂的年轻人生应该有美好的人生理想。

职业是我们获取劳动报酬、维持生存的手段，也是实现自我价值的载体，更是实现人生抱负、为社会做贡献的平台。职业生涯是指一个人一生的职业历程，即一个人一生职业、职位的变迁及职业理想的实现过程。职业生涯规划则是"圆梦"计划，是个人对自己一生职业发展道路的设想和谋划，是对个人职业前途的展望，是实现职业理想的前提。

### 职校生可保送本科，让年轻人多一条赛道

"世界技能大赛"中获奖的中职、高职毕业生，具备保送至本科高校深造的资格。尽管世界技能大赛的获奖者都是相关专业的佼佼者，最终能够保送入读本科的职校生只是少数，但这为职业教育与普通高等教育平等发展，打通职业教育与普通高等教育之间的通道，提供了积极的示范。

长期以来，职业教育与普通高等教育"分两条腿走路"，优秀的职校生难以获得理论深造的机会，而对从事技术工作葆有兴趣的本科生缺乏实践技能的培训机会。

优秀的职校生存在进一步学习理论的需求，本科生期待获得接触职业教育、锻炼职业技能的机会。理论积淀与专业实操是不可割裂的，具备理论基础的人能在实践操作中游刃有余，拥有实践经验的人不仅有助于推动理论创新，也能通过增进理论来锤炼技艺。

打通职业教育与普通高等教育之间的通道，不仅为个人的事业选择创造了更多可能性，也是对人才发展规律的根本遵循。允许年轻人在不同的人生赛道切换，才能在探索和尝试中确定更适合自己的方向，而不再因为"一考定终身"的思维限制前程。职业教育与普通高等教育互相兼容，也有助于提高职业教育的社会认知度，让有才华的人放下心理包袱，朝着自己的选择风雨前行。

职业教育不是学习失利以后走进的"死胡同"，普通高等教育也不是适合每个人的"终南捷径"。教育只有更开放，才能量体裁衣，为不同受教育者提供差异化的成长平台。当职业教育与普通高等教育不再是谁取代谁、谁压倒谁的关系，社会对各类人才也能给予平等的尊重，才能消除偏见和刻板印象，充分激活工匠精神和创新力，让每所学校都能培养出符合社会需求的人才。

## 二、绘制职业生涯蓝图

### （一）把理想变成现实需要务实的规划

有志者事竟成，树立理想固然重要，而做好职业生涯规划，落到实处，才能真正将理想变成现实。作为一名还未踏入工作岗位的学生，在确定职业理想后，首先要做的就是制定一份职业生涯规划。

职业生涯规划必须务实，具有鲜明的个性，符合个人的实际，有明确的方向和可操作性。特别是目标要明确，阶段要清晰，措施要具体。这样的规划才具有指导和激励自己奋发向上的实际效果。

### （二）规划的过程就是提高自己的过程

职业生涯规划的过程，是了解自己、了解职业、了解社会的过程，是恢复自信、树立理想、形成动力的过程，它要求我们从调整自我到提高自我，再到适应岗位，为走向社会后的可持续发展做准备。

我们在规划职业生涯的过程中，要强化职业意识，巩固和完善职业理想，认识职业道德行为，只有制定出符合自身发展的职业生涯规划，才能把命运掌握在自己手中，才能实现自己的职业理想。

## 名人名言

立志、工作、成功，是人类活动的三大要素。立志是事业的大门，工作是登堂入室的旅程。这旅程的尽头有个成功在等待着，来庆祝你的努力结果。

——巴斯德

### 探究与分享

在小组内谈一谈自己的职业理想，想一想你会怎样规划自己的职业生涯？

## 第二节　练就过硬本领

微课 11　动画 8

### 课堂导入

**马小光：创新攻关脚步不停歇 给装甲车插上数控"翅膀"**

马小光，北方车辆集团兵器工业"首席技师"。1995 年，15 岁的马小光初中毕业，考入了北方车辆技校，从此，他立志要学好技术，报效祖国。1998 年，成绩优异又踏实细心的马小光成为北方车辆集团车间的一名电极钳工学徒。

2002 年，马小光所在的车间引进了一台数控铣床，从此，马小光开始了"攻坚"。

理论与实践，两手都要抓，两手都要硬，他不仅抱着说明书、资料看，还自学基础编程指令、计算机绘图，虚心向技术人员请教，慢慢地，马小光终于摸准了这台机器的"脾气"，令车间所有人都震惊于数控加工的精准和高效，同时也感叹马小光这股不放弃、肯钻研的精神头儿。

探索不止步、创新不止步。很快，马小光又迎来了一个新的挑战，加工装甲车最精密的零部件之———体式行星架。这关系着国防设备的升级换代，面对急迫的任务期限，马小光一次次试验、计算，一体式行星架终于实现了数控加工，精度稳定控制在了 0.01 毫米以内。目前，该产品已累计加工生产完成十批次 300 余件，创造价值 150 万元以上。

多年来，马小光从未停止创新的脚步。他初心不改，依旧怀着最朴素的信念——踏踏实实把活儿干好，主动去拥抱更多的专业知识，去完成每一个攻关的挑战。

**想一想**

仔细体会，马小光身上具备怎样的职业精神，有哪些过硬的本领？

奋斗新时代，青春正当时。成功从不偏爱谁，提高内在素质，锤炼过硬本领，才能成就自己的人生梦想。

随着当今社会分工日益细化，知识更新的速度加快，新技术、新业态层出不穷。我们应勇担时代的神圣使命，拓展思维视野，顺应时代观念，提高认知水平，用新的业绩为国家经济和社会发展增添动力。

## 一、树立"终身学习"理念

当今世界，综合国力的竞争归根到底是人才的竞争、劳动者素质的竞争。我们要树立终身学习的理念，养成善于学习、勤于思考的习惯，学以养德、学以增智、学以致用；要适应新一轮科技革命和产业变革的需要，密切关注行业、产业前沿知识和技术进展，勤学苦练、深入钻研，不断提高技术技能水平。

## 二、以"创新"引领发展

创新，是人类社会发展的动力源泉，是一个国家进步的不竭动力。面对高速发展的社会、日新月异的世界，我们只有把握住时代的主旋律，不断提高创新能力，用创新提升核心竞争力。

古人云："胸有凌云志，敢为天下先。"作为新时代的青年，既要与时俱进、开拓创新，努力抓住发展机遇，不断探寻新的路径，又要永不自满、永不懈怠，不断开辟新的领域。自主创新天宽地阔，万类霜天竞相自由。用创新创造为深化改革添加动力，用信念使命为民族复兴增添活力。

**名人名言**

1. 不日新者必日退。

——程颢、程颐《二程集·河南程氏遗书》

2. 苟日新，日日新，又日新。

——曾参《礼记·大学》

3. 苟利于民，不必法古；苟周于事，不必循旧。

——汉·刘安

4. 惟进取也，故日新。

——梁启超《少年中国说》

5. 为学须觉今是而昨非，日改月化，便是长进。

——朱熹《朱子语类》卷八

  拓展阅读

### 如何培养创新思维

当代世界是创新竞争的世界，每个国家之间的竞争就是创新的竞争。每次的创新发明都会引起世界的轰动，带动世界的发展，提升科技水平。作为新时代的青年，我们如何激发创新灵感、培养创新思维呢？

1. 打破思维

打破思维是突破传统的心智模式与心智枷锁。创新就是与平常不一样，要打破常规，打破平时的思维，不用惯性思维去处理问题。

2. 逆向思维

逆向思维又叫求异思维，它是对司空见惯的似乎已成定论的事物或观点反过来思考的一种思维方式。在思维的过程中，不是只存在着一条明显的思维道路，而是对客观事物进行反向的分析、思考，这样可以改变传统的立意角度，产生全新的见解。

3. 思维导图

思维导图是创新思维训练的最佳方法之一，它是一种组织性思维工具，是将放射性思考具体化的方法，如图1-4-1所示。思维导图是通过带顺序标记的树状、神经网络状

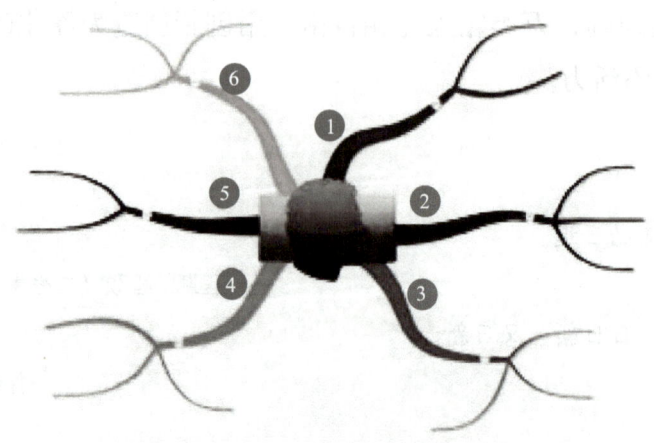

图1-4-1 思维导图框架

结构来呈现思维过程。它主要借助可视化手段促进灵感的产生和创造性思维的形成。当我们借助思维导图，把毫无关联的事物联系在一起时，就开始了创新，也开启了大脑的无限潜能。

#### 4. 批判性思维

批判性思维是一种可行性极强的创新思维。批判性思维就是批判性地思考，要求我们敢于反潮流，克服"顺从倾向"，树立自我意识，有高度的独立性，求真、公正、反思的精神是批判性思维的核心。培养批判性思维有助于培育和鼓励创新，批判性思维在创新过程中所起的作用不容忽视。

#### 5. 简化思维

当面对千头万绪的复杂问题而束手无策时，我们可以尝试忽略并非必要的纷繁信息，从问题的本质或骨干部分去着手分析，并寻找灵感，这就是简化思维。这种思路能使我们将力气用在刀刃上。

#### 6. 复制和移植思维

复制和移植思维就是把运用于某一领域的方法、思维、理论、技术、功能、规律、知识、工具等应用于另一领域，以解决这一领域存在的问题的思维方法。复制和移植不是随意的，两个领域的事物之间要有统一性或相通性；复制和移植不是简单的相加或拼凑，而是在其客观基础上加以改进创新。

#### 7. 包容性思维

所谓包容性思维，是指将一些看似互不关联，甚至互相矛盾的思想、观点、理论，经过一定的加工改造，使之互相兼容、融为一体的思维方法。在我们接触到的数量庞大的信息与知识碎片中，不乏交叉、重叠、对立、包含、类似之处，传统的思维方式已无法应对信息超载和知识碎片化的挑战，我们需要用包容性思维将这些"碎片"统一起来，使之各安其位、和平共处，共同组成一个完整的、立体化的知识体系。

### 三、用技能成就梦想

党的二十大报告首次把教育、科技、人才进行"三位一体"统筹安排、系统部署，明确指出"教育、科技、人才是全面建设社会主义现代化国家的基础性、战略性支撑，必须坚持科技是第一生产力、人才是第一资源、创新是第一动力"。这一部署为职业院校指明了前进方向，提供了根本遵循，职业教育迎来了前所未有的发展机遇。

一技之长就是人生最大的底气，只要有过硬的操作技能，不管是谁都能拥有出彩的人生。想要在学校中学到一技之长，光上课努力听讲是不够的，还需要想办法不断提高自己的专业能力。只有自己的专业能力得到提升，才会实现自己的价值。

## （一）学好专业知识

第一步是学好专业知识，熟练掌握自己的专业技能。对于每天的学习要有安排和计划，对于课堂知识要及时复习和巩固，对待学习要抱有一颗热忱之心。

## （二）参加相关技能比赛

除了努力学习专业知识，也可以通过参加各级各类职业技能比赛，在检验自身学习成果的同时，不断提高相关技能，更好地适应职业发展需要。

## （三）树立职业精神

要充分树立起执着专注、精益求精、一丝不苟、追求卓越的精神，不断提升自身职业素养，在自己的岗位上不断创新、寻求突破，克服一切困难，为社会的不断进步贡献自己的力量。

我们应顺时代的潮流，以高素质、高技能、高标准为目标，以爱岗敬业、精益求精为核心，为"中国智造"而努力，为时代使命而奋斗，为"中国梦"的实现奋斗终生。

### 探究与分享

结合自己的专业和兴趣特长，谈谈怎样练就一身硬功夫？

### 学思践悟

各级党委和政府要高度重视技能人才工作，大力弘扬劳模精神、劳动精神、工匠精神，激励更多劳动者特别是青年一代走技能成才、技能报国之路，培养更多高技能人才和大国工匠，为全面建设社会主义现代化国家提供有力人才保障。

——2020年12月10日 习近平致首届全国职业技能大赛的贺信

# 第三节　职业教育大有可为

### 顾春燕：巧手点亮雷达之眼

2007年，顾春燕技校毕业就进了中国电科第十四所，成了一位女工艺师，她用自己的一双巧手，用比头发丝还细的金线，串联起我国最尖端雷达的核心。

这种对芯片的极致要求来自于太赫兹雷达，它是未来战场上对动态目标探测成像的杀手锏，它的极高频率，要求芯片内部器件之间的间隔必须呈几何倍数缩小，同样，用来连接器件的金丝也必须细到极限。顾春燕需要把组装的不可能变成可能。这场焊接不用焊枪，没有火星，高倍显微镜下六万赫兹的震动频率，通过她右手的触碰，将中国最尖端雷达设备的收发组件一点点串起。

为了练习微组装技术，她甚至会用尺子反复测量手腕抬起的高度，只为了键合时能让金线拱起的弧度一致。脱颖而出的顾春燕领到了一把编号1的小镊子，和9个同事装起了中国第一部星载相控阵雷达中的上千个组件。十多年过去了，镊子闪亮如新，而大块头组件变成了指尖的小方格。芯片由大到小的变化如图1-4-2所示。

2014年春天，我国首颗分辨率达到1米的C波段多极化微波遥感卫星开始组装，组装过程中，哪怕在操作中产生5微米的误差，都会造成芯片短路。没有人敢操作的事情，顾春燕站了出来，她创造性地完成了一场雷达的"心脏搭桥手术"。

2016年8月，搭载着"超级透视眼"的高分三号卫星成功发射，从此，穿过雷雨、浓雾，我国卫星遥感水平实现了新的跨越。

图1-4-2　芯片由大到小的变化

作为十四所微组装首席技能专家，顾春燕担负起了所有研制性产品的首件全流程作业任务。从我们的航母和驱逐舰上的"海之星"，到新一代战机火控雷达，一枚枚中华神盾捍卫着祖国的国防安全，一双双战鹰之眼在顾春燕的手中被轻轻点亮。

### 想一想

1. 你认同"技能成就梦想"这一观点吗？
2. 你对自己的未来有何期许？

"天宫"遨游太空、高铁走出国门、5G引领潮流……中国正在由"中国制造"向"中国智造"挺进。科技成就中国梦。同样，技能成就人生梦想。

## 一、职业教育的兴起

中华人民共和国成立后至改革开放前，职业教育处于"小职教"阶段。改革开放以后，职业教育进入"大职教"阶段。新时代，随着我国进入新的发展阶段，产业升级和经济结构调整不断加快，各行各业对技术技能型人才的需求越来越大，职业教育显得越来越重要。我国职业教育规模从小到大，办学层次从低到高，专业覆盖从少到多……职业教育得到了党和国家的高度重视与大力支持，进入"强职教"阶段。

2019年1月，国务院印发《国家职业教育改革实施方案》（简称"职教20条"）。《职业教育法》于2022年5月1日起施行。随着我国经济的不断发展，各行各业对技术技能人才的需要更加迫切。没有职业教育现代化，就没有教育现代化，职业教育经历了曲折而辉煌的发展历程，其重要地位和作用越发凸显。

## 二、职教体系的建立

2022年5月，人力资源社会保障部发布《关于贯彻实施新修订的职业教育法的通知》提出要建立健全适应经济社会发展需要，产教深度融合，职业学校教育和职业培训并重，职业教育与普通教育相互融通，不同层次职业教育有效贯通，服务全民终身学习的现代职业教育体系。

### 拓展阅读

#### 以新《职业教育法》夯实教育金字塔基础

2022年5月，新修订的《中华人民共和国职业教育法》正式施行，标志着以立法方式，明确职业教育是与普通教育具有同等重要地位的教育类型，为推动职业教育从"层次"到"类型"转变提供了法律保障。12月，《关于深化现代职业教育体系建设改革的意见》的印发，为深入贯彻党的二十大精神、优化职业教育类型定位指明了前进方向。

这样一系列法律法规的出台，标志着中国职业教育进入高质量发展和构建技能型社会的新阶段。它不仅优化了职业教育政策制度环境，增强了职业教育适应性，还明确了职业教育类型地位，清除了职教高质量发展的体制机制障碍，凝聚了职业教育发展合力。

**被误解的中国职业教育**

2021年，全国设置中等职业学校7294所（不含技工学校），招生488.99万人，在校生 1311.81 万人，分别占高中阶段教育招生总数和在校生总数的 35.08%、33.49%。全国设置高等职业学校 1518 所（含 32 所职业本科学校），招生 556.72 万人，在校生 1603.03 万人。职业本专科招生人数和在校生总数分别占全国本专科高校招生数和在校生总数的 55.60%、45.85%。

在国内其实大部分人并不了解什么是"专科"。专科实际上在我国的教育体系中属于高等教育的一环，但是在大众的眼中似乎并不是那么一回事。专科更多地被认为是"职业学校"，是无法进入高等教育的学生才不得不做的选择。在很多人眼里，"专科"和"技校"没有太多区别，孩子进入这些学校就是没有接受高等教育。

事实上，如图 1-4-3 所示，我国有完整和明确的教育体系，规定了各种学校的办学等级。

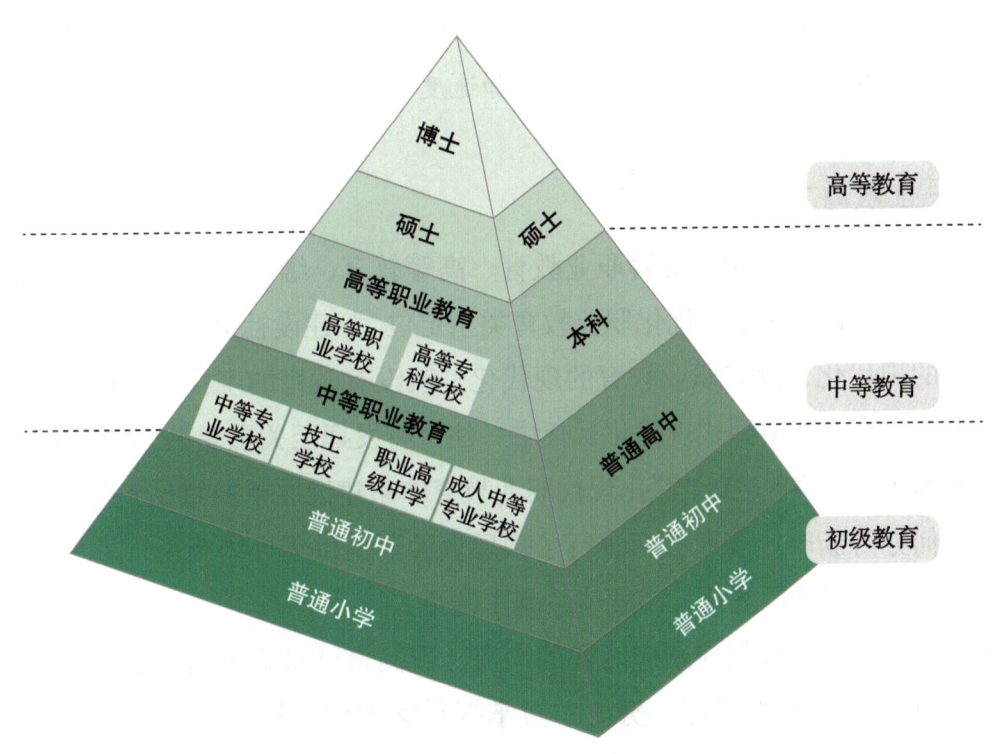

图 1-4-3　中国教育体系

根据首届世界职业技术教育发展大会上颁布的 2022 年《中国职业教育发展白皮书》数据显示，2021 年，职业学校毕业生就业率连续保持高位，中职、高职毕业生就业率分别超过 95% 和 90%，专业对口就业率稳定在 70% 以上。职业学校毕业生就业岗位遍布高端产业和产业高端，高职毕业生半年后年收入显著高于城乡居民人均可支配收入平均水平。

**为产业经济提供源源不断的人才红利**

一直以来，我国职业教育主动适应经济结构调整和产业变革，紧盯产业链条、市场信号、技术前沿和民生需求，已设置 1300 余种专业和 12 余万个专业点，覆盖国民经济各领域,为产业经济提供源源不断人才红利。

近十年来,累计为各行各业培养输送6100万高素质劳动者和技术技能人才,特别是为高铁、超高压输变电等重点产业提供大量骨干人才。职业教育构建起校企双主体育人机制。截至2021年底,全国组建约1500个职教集团,吸引3万多家企业参与,覆盖近70%的职业学校。职业学校与企业共建实习实训基地2.49万个,年均增长8.6%。

在现代制造业、战略性新兴产业和现代服务业等领域,一线新增从业人员70%以上来自职业学校毕业生,促进了中国人口红利的释放与实现,推动了先进技术和设备转化为现实生产力,为中国产业链、供应链保持强大韧性、行稳致远提供了基础性保障和有生力量。

伴随工业信息化、智能化转型,我国职业教育又紧盯数字技术前沿,加快专业升级改造,布局一批新兴专业,提升数字技能人才培养能力;大力改造提升传统专业,使人才培养符合数字经济变革,为数字经济跑出加速度提供先导力量。

### 三、职业教育大有可为

党的二十大报告中强调"统筹职业教育、高等教育、继续教育协同创新,推进职普融通、产教融合、科教融汇,优化职业教育类型定位。"建设社会主义现代化强国,必然要实现教育的现代化,没有职业教育的现代化,就没有教育的现代化。职业教育作为重要的教育类型,在实现中国式现代化目标中,注定将发挥至关重要的作用。同时,《国家职业教育改革实施方案》《关于深化现代职业教育体系建设改革的意见》等一系列制度文件,都对如何办好新时代职业教育进行了顶层设计、提供了办学指南。职业教育的四梁八柱已经构筑,发展路径清晰,制度体系基本健全。

站在新的起点上,我们应顺应时代的潮流,看到自己身上所肩负的重要使命,以高素质劳动者和技术人才为目标,努力学习掌握科学知识,提高专业素质,练就过硬本领,为自己的梦想插上翅膀,为国家的富强贡献力量。

**拓展阅读**

**深耕沃野 静待花开——职业教育前途广阔、大有可为**

甘肃山丹培黎学校是一所具有光荣历史和国际主义精神的职业学校,秉持"手脑并用,创造分析"的办学宗旨,立足西部实际,注重理论与实践相结合,培养了大量实用技术人才。"职教一人,就业一个,脱贫一家",在这里得到了生动体现。截至目前,学校为甘肃乃至全国培养了一大批实用技术人才。

### 职教一人，脱贫一家

梁亚琴家住甘肃省张掖市山丹县李桥乡上寨村，2014年，她考入山丹培黎学校平面设计班，却一度陷入纠结：上学，家里无法负担；不上，很难走出山村。就在这时，村干部带来消息：她家被列入建档立卡贫困户名单，帮扶单位就是她要就读的山丹培黎学校。梁亚琴一家的命运，由此开始转变。

山丹培黎学校扎实落实国家资助政策，构建起奖、助、贷、勤、补、免为一体的多维助学体系，将家庭条件困难学生作为重点资助对象并实现全覆盖。不再为上学费用发愁，梁亚琴学习劲头更足。2017年，她考入了武威职业学院，顺利毕业后，到新疆一家公司上班。

### 手脑并用，创造分析

20世纪40年代，山丹培黎学校成立之初，就确立了"手脑并用，创造分析"的办学宗旨。从那时开始，"理论联系实际"的指导思想一直延续至今。学校培养了一大批既懂理论，也会操作；既是教师，也是技师的"双师型"教师。

学校坚持以赛促学、以赛促教，选派教师、学生参加全省职业技能比赛，检验教学能力、提升教学质量。职高、中职、技校的学生高考升学率达98%，毕业生就业率达97%。

### 紧跟需求，设置专业

在专业设置上，山丹培黎学校主动适应国家重大战略和地方发展需求，不断优化专业结构。同时紧盯市场需求，与业界知名公司合作开办航空服务专业、网络安全专业。

学校将不断推进产教深度融合，搭建学生成才成长"立交桥"，为新时代推进西部大开发培养更多应用型、技能型人才。

**探究与分享**

小组讨论，我们未来发展路径有哪些？

**学思践悟**

实体经济是我国经济的重要支撑，做强实体经济需要大量技能型人才，需要大力弘扬工匠精神，发展职业教育前景广阔、大有可为。

——2019年8月20日习近平总书记在甘肃省张掖市山丹县考察山丹培黎学校时的讲话

# 第五章　劳动安全与保护

**知识目标**

- 了解劳动安全与保护的意义及内容。
- 熟知安全标识与安全色。
- 了解劳动过程中易发的危险事故,掌握其防范措施。

**素质目标**

- 提高劳动安全及遵守劳动法律规范的意识,在劳动过程中做好安全防护工作。
- 增强劳动安全事故的防范、处理能力。

## 第一节　劳动安全

微课 12

课堂导入

### 安全生产方针的由来

"安全第一、预防为主、综合治理"是我国开展安全生产管理工作总的指导方针,是长期实践的经验总结。这一方针反映了党对安全生产规律的认识,对于指导安全生产工作具有重大而深远的意义。

1952 年 12 月,原劳动部召开了第二次全国劳动保护工作会议,在这次会议上,明确提出了安全生产方针,即:"生产必须安全、安全为了生产"的安全生产统一方针。

1987 年 1 月 26 日,劳动人事部在杭州召开会议把"安全第一、预防为主"作为劳动保护工作方针写进了我国第一部《劳动法(草案)》。从此,"安全第一、预防为主"便作为安全生产的基本方针而确立下来。2002 年,《中华人民共和国安全生产法》由第九届全国人民代表大会常务委员会第二十八次会议于 2002 年 6 月 29 日通过,自 2002 年 11 月 1 日起施行。"安全第一、预防为主"方针被列入《中华人民共和国安全生产法》,这是第一次以法律的形式将这一方针予以确定，称为"八字方针"。

2005年党的十六届五中全会在总结我国安全生产工作经验的基础上，正式提出了"安全第一、预防为主、综合治理"的工作方针；党的十六届六中全会又一次把这一方针作为构建社会主义和谐社会的重要措施，至此"安全第一、预防为主、综合治理"这一安全生产的"十二字"方针正式确立。

> **想一想**
> 1. 你知道"安全第一、预防为主、综合治理"十二字方针的含义吗？
> 2. 由于没有注意安全问题，在劳动中可能会发生哪些危险？

安全是人类生存与发展的最基本要求，是对生命与健康的基本保障。安全生产是保护劳动者安全健康、保证国民经济持续发展的基本条件。

## 一、劳动安全的定义

劳动安全又称职业安全，是指在生产劳动过程中，防止中毒、触电、塌陷、爆炸、火灾、坠落、机械外伤等危及劳动者人身安全的事故发生，是劳动者享有的在职业劳动中人身安全获得保障、免受职业伤害的权利。

## 二、安全标识与安全色

### （一）安全标识

安全标识是指使用招牌、颜色、照明标识、声信号等方式来表明存在信息或指示安全的标识。从内容来看，包括警告标识、禁止标识、强制标识、危险品包装标识、电力行业标识、提示类标识、工作场所职业病危害警示标识、环保可回收标识、城市生活垃圾分类标识、环境保护图形标识、注意标识、当心标识、危险标识、消防设施标识、灭火器指示标识、逃生指示标识、门边提示标识、紧急集合、疏散标识等。

### （二）安全色

常见的安全色有红、黄、蓝、绿四种颜色。每种颜色传递不一样的视觉含义。

红色是禁止标识，传递禁止、停止、危险或提示消防设备、设施的意思（见图1-5-1）。

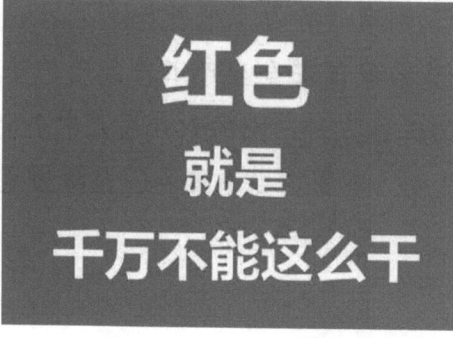

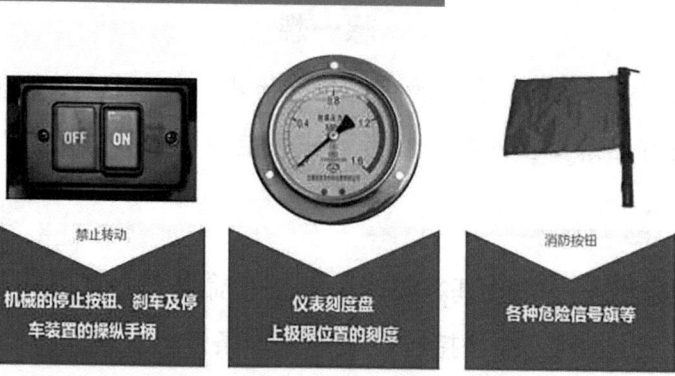

图 1-5-1 系列红色安全标识

黄色是警告标识，传递注意、警告的信息（见图 1-5-2）。

蓝色是指令标识，传递必须遵守规定的指令性信息（见图 1-5-3）。

绿色是提示、传递安全的信息（见图 1-5-4）。例如，特种劳动防护用品安全标识（见图 1-5-5）就采用了醒目的绿色。该标识采用古代盾牌的形状，取"防护"之意；盾牌中间用字母"LA"表示"劳动安全"之意；参照《安全色》（GB2893—2001）的规定，

图 1-5-2 系列黄色安全标识

标识边框、盾牌及"安全防护"为绿色,"LA"及背景为白色。特种劳动保护用品有防尘口罩、过滤式防毒面具、耐酸碱皮鞋、电绝缘鞋、防穿刺鞋等。

图 1-5-3　系列蓝色安全标识

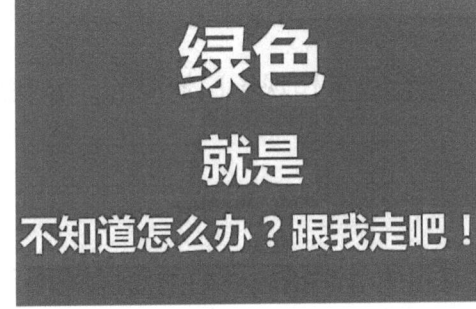

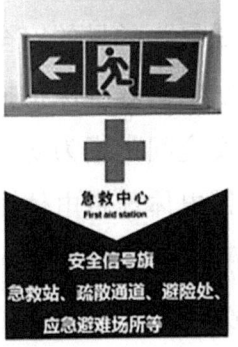

图 1-5-4　系列绿色安全标识　　　图 1-5-5　特种劳动防护用品安全标识

## 三、劳动中的危险事故

### （一）劳动中的触电事故与防范

**1. 触电事故的种类**

触电事故的发生多数是由于人直接碰到带电体或者接触到因绝缘损坏而漏电的设备；站在接地故障点的周围，也可能造成触电事故。因此，触电可分为以下几种：人直接与带电体接触的触电事故；与绝缘损坏电气设备接触的触电事故；跨步电压触电事故。

**2. 触电事故发生的规律**

触电事故的发生都很突然，并在相当短的时间内会造成严重后果，死亡率较高。根据对触电事故的统计分析，其规律可概括为以下几点。

1）具有明显的季节性。每年的 6~9 月是触电事故的多发期，这是由于这段时间多雨、潮湿，电气设备绝缘性能降低，同时天气炎热，人们所穿衣服单薄，且出汗多，增加了触电的可能性。

2）低压设备触电事故多。这是由于低压电网分布广，低压设备多而且比较简陋，管理不善，人们接触的机会多。

3）中青年和非电工触电事故多。这些人电气安全知识不足，技术不成熟，易发生触电事故。

4）便携式和移动式设备触电事故多。这类设备需要经常移动，工作条件较差，容易发生故障。

5）冶金、矿山、机械行业触电事故多。这几个行业工作现场比较混乱，温度高，湿度大，移动式设备多，临时线路多，难以管理。

**3. 防止触电事故的措施**

有效防止触电事故，既要有技术措施，又要有组织管理措施，归纳为以下几个方面。

（1）防止接触带电部件

绝缘、屏护和安全间距是最为常见的安全措施。绝缘即用不导电的绝缘材料把带电体封闭起来，这是防止直接触电的基本保护措施；屏护即用遮拦、护罩、护盖、箱闸等把带电体同外界隔离开来；安全间距指为防止人体触及或接近带电体，防止车辆等物体碰撞或过分接近带电体，在带电体与带电体、带电体与地面、带电体与其他设备和设施之间，皆应保持一定的安全距离。

（2）防止电气设备漏电伤人

保护接地和保护接零，是防止间接触电的基本技术措施。

保护接地即将正常运行的电气设备不带电的金属部分和大地紧密连接起来。其原理是通过接地把漏电设备的对地电压限制在安全范围内，防止触电事故。

保护接零即在 380/220V 三相四线制供电系统中，把用电设备在正常情况下不带电的金属外壳与电网中的零线紧密连接起来。其原理是，在设备漏电时，电流经过设备的外壳和零线形成单相短路，短路电流烧断保险丝或使自动开关跳闸，从而切断电源，消除触电危险。

（3）采用安全电压

安全电压是指不致使人直接致死或致残的电压，一般环境条件下允许持续接触的"安全特低电压"是 36V。根据生产和作业场所的特点，采用相应等级的安全电压，是防止发生触电伤亡事故的根本性措施。我国安全电压额定值的等级为 42V、36V、24V、12V 和 6V，应根据作业场所、操作员条件、使用方式、供电方式、线路状况等因素选用合适电压。安全电压有一定的局限性，适用于小型电气设备，如手持电动工具等。

（4）安装漏电保护装置

在低压电网中发生电气设备及线路漏电或触电时，漏电保护装置可以立即发出报警信号并迅速自动切断电源，从而保护人身安全。漏电保护装置按动作原理可分为电压型、零序电流型、泄漏电流型和中性点型四类，其中电压型和零序电流型两类应用较为广泛。

（5）合理使用防护用具

在电气作业中，合理匹配和使用绝缘防护用具，对防止触电事故、保障操作人员在生产过程中的安全健康具有重要意义。绝缘防护用具可分为两类：一类是基本安全防护用具，如绝缘棒、绝缘钳、高压验电笔等；另一类是辅助安全防护用具，如绝缘手套、绝缘鞋（靴）、橡皮垫、绝缘台等。

（6）制定安全用电组织管理措施

防止触电事故，技术措施十分重要，组织管理措施也必不可少。组织管理措施包括制定安全用电措施计划和规章制度，进行安全用电检查、教育和培训，组织事故分析，建立安全资料档案等。

**4. 触电急救**

在实际工作和生活中，除了要尽力避免触电事故外，还要掌握触电的抢救方法。

（1）迅速脱离电源

切断电源开关，或用电工钳子、木把斧子将电线截断以断开电源。若离开关较远或断开电源有困难时，可用干燥的木棍、竹竿等挑开触电者身上的电线或带电体，或垫着绝缘物将触电人拉开。

（2）现场急救措施

当触电者脱离电源以后，应根据触电的轻重程度，采取不同的急救措施。

如果触电者受的伤害不严重，神志还清醒，只是四肢发麻、全身无力，或虽曾一度昏迷，但未失去知觉，可使之就地安静休息1~2小时，并密切观察。

如果触电者受的伤害较严重，无知觉，无呼吸，但心脏有跳动时，应立即进行人工呼吸。如有呼吸，但心脏停止跳动，则应采用胸外心脏按压法。

如果触电者受的伤害很严重，心跳和呼吸都已停止，瞳孔放大，失去知觉，则须同时采取人工呼吸和胸外心脏按压两种方法。做人工呼吸和胸外挤压时要有耐心，只要有一线希望，就要坚持抢救。在送医院抢救途中，不能中断急救工作。

### 人工呼吸法

人工呼吸法是指用人工方法，使空气有节律地进入和排出肺脏，达到维持呼吸，解除组织缺氧的目的，最常用的方法是口对口人工呼吸法。

施行人工呼吸前，将触电者身上阻碍呼吸的衣领、上衣、裤带解开，并取出触电者口腔内妨碍呼吸的东西，如食物、脱落的假牙、血块、黏液等，以免堵塞呼吸道。动作要领是：将伤员下颌托起，捏住鼻孔，急救者深吸气后，紧贴对准伤员的口，用力将气吹入，看到伤员胸壁扩张后停止吹气，之后迅速离开嘴，如此反复进行，每分钟约20次。如果伤员的口腔紧闭不能撬开时，也可用口对鼻吹气法。

### 胸外心脏按压法

胸外心脏按压，是利用"心泵机制"采取的一种急救措施。触电者仰卧在比较坚实的地方，姿势与人工呼吸法相同。救护人员跪在触电者一侧或骑跪在其腰部两侧，按压胸骨中下1/3交界处的正中线上或剑突上2.5cm~5cm处。

具体按压方法如下：抢救者一手掌根部紧贴于胸部按压部位，另一手掌放在此手背上，两手平行重叠且手指交叉互握稍抬起，使手指脱离胸壁。抢救者双臂应绷直，双肩中点垂直于按压部位，利用上半身体重和肩、臂部肌肉力量垂直向下按压。按压应平稳、有规律地进行，不能间断，下压与向上放松时间相等；按压至最低点处，应有一明显的停顿，不能冲击式的猛压或跳跃式按压；放松时定位的手掌根部不要离开胸部按压部位，但应尽量放松，使胸骨不受任何压力。按压为频率至少100次/分，按压与放松时间比例以1∶1为恰当，与呼吸的比例同上述。按压深度成人至少5cm，5~13岁者3cm，婴、幼儿2cm。

拓展阅读

## 某广告公司触电事故案例分析

某日，某广告公司员工裴某在进行汽车展销会布展时安装潜水泵排水发生一起触电事故，造成一人死亡。

### 一、事故原因

（1）事故直接原因

其一，作业人员违规在潮湿环境中使用电镐。该电镐属于Ⅰ类手持电动工具，根据规定，Ⅰ类手持电动工具不能在潮湿环境中使用。然而事发当天，该电镐用于排出连日降雨导致的地面积水，电镐暴露在雨中使用，且未设置遮雨设施。

其二，当事人裴某安全意识淡薄，在自身未穿绝缘靴、未戴绝缘手套的情况下，手持电镐赤脚站在水里。

其三，电镐存在安全隐患。在现场勘察时专家对事故使用的电镐进行了技术鉴定，检测发现电镐内相线与零线错位连接，接地线路短路，无漏电保护功能。通电后接错的零线与金属外壳导通，造成电镐金属外壳带电。

其四，配电设备存在缺陷。开关箱无漏电保护器，且线路未按规定连接。

（2）事故间接原因

其一，安全管理制度不健全。该广告公司未建立安全生产责任制，未制定安全生产规章制度和安全操作规程。

其二，安全管理制度未落实。具体表现为：作业人员的安全教育未落实，作业人员的个人劳动防护用品未配备，所提供配电设备的安全防护功能不具备，特种作业人员未持证上岗。

其三，现场安全管理不到位。施工现场未配备与本单位所从事的生产经营活动相适应的安全生产管理人员，未落实施工安全技术交底，指派未取得电工作业操作证的人员从事电工作业。

### 二、事故性质

这是一起现场配电设备存在缺陷、安全措施未到位、操作人员防护不到位的责任事故。事故类别为触电。

### 三、防范和整改措施建议

在安全技术上、各类电气设备在投入使用前应进行安全检测，保障设备的可靠性。配电设施采用漏电保护装置，要进行接零接地保护。潮湿环境下采用36V以下安全电压，强化绝缘措施，采用双重绝缘或加强绝缘的电气设备。作业人员应配备绝缘靴、绝缘手套等个人防护用品，事故发生后，要有相应的应急救援措施，最大限度降低事故伤害。

在完善管理制度上，依据现行的安全生产法律法规建立健全企业的安全生产管理制度，包括建立并完善安全生产责任制，组织制定相关规章制度和操作规程，制订安全生产事故应急预案并组织演练。

针对临时用电作业，要建立用电设备定期检查制度，查找并排除存在的事故隐患，严把设备关。应加强施工作业现场安全管理，配备相应的安全生产管理人员，施工前进行安全技术交底，监督作业人员正确佩戴个人防护用品。针对临时雇佣人员较多的实际情况，要严格审查从业人员资格，严禁特种作业人员无证上岗。此外，还应加强对承包单位和个人的安全生产条件或相应资质的审查。对不具备安全生产条件或相应资质的单位和个人不得进行发包、出租业务；对具备安全生产条件或者相应资质的单位和个人，在发包、出租的同时，要加强对承包、承租单位和个人安全生产工作的协调和管理。

在教育培训对策上，加强对全员的安全教育和培训。依据安全生产法及相关规定要求，公司主要负责人和安全管理人员应参加有关安全生产管理培训，并取得相应证书。加强对公司员工的三级教育培训，提高作业人员的安全意识。此外，还应开展有针对性的安全生产教育培训工作。加强对特种作业人员的安全教育，使其规范操作，防止事故再次发生。

**想一想**

1. 案例中的事故应该如何避免？
2. 你所了解的防范触电的措施还有哪些？

## （二）劳动中的机械伤害事故与防范

### 1. 设备的不安全因素

1）防护、保险、信号等装置缺乏或有缺陷。如无防护罩、无护栏或护栏损坏，电气设备未接地，绝缘不良或电气装置带电部分裸露，防护装置调整不当，无安全保险装置或安全保险装置失灵，无限位装置，安全距离不够，无报警装置或装置失灵，无安全标志，因噪声大而无法听清报警信号等。

2）设备、设施、工具、附件有缺陷，设计不当，结构不符合安全要求，如制动装置设计不合理等。

3）个人防护用品、用具缺少或有缺陷等。

4）生产场地环境不良。如照明光线和通风不良，作业场所狭窄、杂乱等。

5）地面状况差，如地面滑（地面有油或其他易滑物）。

6）贮存方法不安全，堆放过高、不稳。

7）技术和设计上的原因，包括设计错误或不合理（如操作工序设计或配置不安全，交叉作业较多等），制造错误或设计不合理等。

### 2. 操作者的不安全因素

1）操作者不遵守操作规程，违章作业，思想不集中造成误操作，或调整错误时造成安全装置失灵。

2）操作者存有侥幸心理，无视安全，忽视警告，如使用不安全设备，用手代替工具操作，攀坐不安全位置，拆除安全装置造成安全装置失灵，未佩戴各种个人防护用品，穿不安全装束，无意或为排除故障而接近危险安全装置等。

3）操作者业务素质不高，如教育培训不够、操作技能不熟练、不懂安全操作技术、缺乏安全知识和自我保护能力、工作不负责、注意力不集中等。

4）操作者心理或生理上的不利因素，如操作者心理波动大、精神紧张，生理上发生疾病，身体过度疲劳等，这些都能使其产生误操作或不遵守操作规程。

5）管理上存在问题，如对安全工作不重视、组织机构不健全、规章制度执行力不够等。

6）规程制度不健全或不合理，如安全操作规程不完善等。

### 3. 造成机械伤害事故的主要原因

1）检验检查机械、处理隐患时忽视安全措施。如操作者进入设备（球磨机、碎矿机等）检验、检查作业或处理安全隐患，未切断电源，未挂不准合闸警示牌，未设专人监护等而造成严重后果，也有因当时受定时电源开关作用或发生临时停电等因素误判而造成事故的案例。有的虽然对设备断电，但因未等至设备惯性运转彻底停住就着手工作，同样造成严重后果。

2）缺乏安全装置。如有的机械传动带、齿机，接近地面的联轴节、皮带轮、飞轮等易伤害人体部位的装置没有完好的防护装置；还有的进孔、投料口、绞笼井等部位缺少护栏及盖板，无警示牌，若疏忽误接触这些部位，就会造成事故。

3）电源开关布局不合理。一种是有了紧急情况却不立即停止设备运转；另一种是几台机械开关设在一起，极易造成误开机械而引发严重后果。

4）自制或任意改造机械设备，不符合安全要求。

5）在机械运行中进行清理、卡料、上皮带蜡等作业（如在运行中的皮带上清理废物）。

6）任意进入机械运行危险作业区（采样、借道、拣物等）。

7）不具备操纵机械素质的人员上岗或其他人员乱动机械。

**4. 机械伤害事故的防范措施**

1）检验机械必须严格执行断电、挂禁止合闸警示牌和设专人监护的制度。机械断电后，必须确认其惯性运转已彻底消除后才可进行工作。机械检验完毕，试运转前，必须对现场进行细致检查，确认机械部位人员全部撤离才可取牌合闸。检验试车时，严禁有人留在设备内进行试车。

2）人手直接频繁接触的机械，必须有完好的紧急制动装置，该制动钮位置必须使操纵者在机械作业活动范围内随时可触及；机械设备各传动部位必须有可靠的防护装置；各进孔、投料口、螺旋输送机等部位必须有盖板、护栏和警示牌；作业环境保持整洁卫生。

3）各机械开关布局必须合理，必须符合两条标准：一是便于操纵者紧急停止设备运转；二是避免误开动其他设备。

4）对机械进行清理积料、捅卡料、上皮带蜡等作业，应遵守停机、断电、挂警示牌制度。

5）严禁无关人员进入危险因素多的机械作业现场，非本机械作业人员因事必须进入的，要先与当班机械操作者取得联系，确认有安全措施后才可进入。

6）操纵各种机械的人员必须经过专业培训，掌握该设备性能的基础知识，经考试合格，持证上岗。上岗作业中，必须精心操纵，严格执行有关规章制度，正确使用劳动防护用品，严禁无证人员开动机械设备。

拓展阅读

机械伤害事故案例分析

2019年7月31日15时15分许，陆丰市东海镇新城华苑1幢B座#1电梯在维修监控时发生一宗机械伤害事故，造成一人死亡。

一、事故原因

（1）事故直接原因

造成该次机械伤害事故的直接原因是死者洪某未佩戴劳动防护用品（安全帽等），违反劳动纪律，未持证冒险作业，违章指挥，在电梯上升过程中，造成重心不稳摔倒被夹。

（2）事故间接原因

其一，深圳新显东陆丰分公司不具备物业管理资质。

其二，深圳新显东陆丰分公司安全生产管理混乱，未能保证安全生产投入有效实施，未建立安全生产责任制，未开展安全生产教育培训，未建立安全生产隐患排查治理台账，安全生产规章制度和操作规程不健全。

其三，深圳新显东陆丰分公司委托不具备特种作业资质的人员进行特种设备维修工作。电梯属于特种设备，对电梯相关设备的维修保养需具备电梯电气安装维修资格证，深圳新显东陆丰分公司委托维修电梯监控的人员均未取得电梯电气安装维修资格证书，缺乏电梯安全生产相关知识。

其四，作业前，未对操作人员开展入职安全教育培训；维修电梯监控作业前未对操作人员进行技术交底，未通知电梯维保单位派人监护。

其五，深圳新显东陆丰分公司主要负责人长期不到岗，未落实安全生产责任，未履行安全生产管理职责。

其六，深圳新显东陆丰分公司经理安全生产管理职责履行不到位，未能依法履行安全生产管理人员组织或参与安全教育培训，落实安全管理措施，及时制止和纠正违章指挥、冒险作业、违反操作规程的行为等安全管理职责，其行为违反了深圳新显东陆丰分公司规章制度。

其七，深圳新显东陆丰分公司电梯管理人员执行制度不严，将电梯钥匙放在值班室，未落实专人保管，使电梯钥匙处于失管状态，且未建立电梯钥匙使用记录、电梯工作日志，未实行交接班记录，其行为违反了深圳新显东陆丰分公司规章制度。

## 二、事故性质

经过调查取证及综合各方面情况，认定该事故是一起一般性机械伤害安全生产责任事故。

## 三、防范和整改措施建议

第一，各电梯使用单位要切实落实企业安全生产主体责任，健全完善和落实各项安全生产规章制度和安全生产责任制；要认真开展全员安全教育培训和安全技术交底，切实有效提高员工安全意识、操作技能和防范事故的能力；要切实加强作业现场安全管理，落实相应的安全管理措施，电梯维修作业过程中，相关的安全管理人员不能缺位，同时，要坚决制止作业人员违规冒险作业，防止类似事故再次发生。

第二，市场监管单位要高度重视电梯安全，认真贯彻落实《安全生产法》《特种设备安全法》，针对安装维保不到位、使用管理责任不明确、制度不落实、培训不到位、未持证上岗等问题，集中开展执法检查和专项整治；要举一反三，结合专项整治行动，全面强化小区、商场、医院、建筑工地等重点场所电梯使用单位安全生产主体责任落实；要严格实施在用电梯的定期检验和电梯维保单位的监督抽查，对检验检测、监督检查中发现的问题，做好跟踪处理，及时消除安全隐患。

第三，要广泛开展电梯安全宣传教育活动，通过主流媒体、微信公众号、官方网站等多种渠道，采用多种形式开展电梯安全宣传活动；电梯使用管理人员、电梯维修单位负责人开展安全教育培训，提升电梯使用管理人员、维修作业人员的安全知识水平，规范电梯安全管理；要结合实际开展电梯安全应急演练，进一步提高全员安全防范能力和电梯使用单位应急管理水平，有效防范和遏制电梯事故的发生。

**想一想**

安全管理都包括哪些方面的内容？都是由谁负责的？

## 第二节　劳动保护

微课13　动画10

**课堂导入**

### 高温天气下的劳动

2022年的8月，烈日炎炎，热浪袭人。人社部、全国总工会等多部门联合印发通知，部署做好高温天气下劳动者权益保障工作。

湖北武汉，有关部门联合外卖平台等企业，在党群服务中心、居委会、职工之家等地设置"纳凉驿站"，为骑手们提供免费饮水、消暑纳凉、图书阅读、手机充电和无线上网的场所。

重庆两江新区建立的"劳动者港湾"成了户外劳动者的"临时之家"。环卫工人邓享贵告诉记者，气温升高了，他们就前去吹吹空调，休息一下。

河北沧州，新华区站东社区户外劳动者驿站不仅能为户外劳动者撑起"遮阳伞"，每天还有管理员值班，对于带孩子不方便的劳动者，可以将孩子放在这里委托照料。

持续高温天气下，多部门联合印发的通知要求，要指导和督促用人单位落实各项防暑降温措施，及时向符合条件的劳动者发放高温津贴；各级人社部门要加强执法检查，畅通举报投诉渠道，依法查处用人单位违法行为。

为了切实维护劳动者权益，近日多地人社部门发文强调，不能以防暑降温饮料和必需药品充抵高温津贴，不得因高温天气停止工作、缩短工作时间而扣除或降低劳动者工资，同时公布了举报投诉电话。

多部门联合印发的通知要求相关部门指导和督促用人单位合理安排劳动者在高温天气下的户外工作时间，尽量避开酷热时段作业。记者采访了解到，多地用人单位根据自身生产特点进行了适时调整。

健全防暑降温工作制度、开展职业健康知识培训、完善劳动者高温天气作业时突发疾病应急处置预案……各地用人单位正按照通知要求，落实好主体责任，全力保障劳动者生命安全和身体健康。

**想一想**

在高温天气中，可实施的劳动保护都有哪些？

劳动保护是国家和单位为保护劳动者在劳动生产过程中的安全和健康所采取的立法、组织和技术措施的总称。它是指根据国家法律、法规，依靠技术进步和科学管理，采取组织措施和技术措施，消除危及劳动者人身安全与健康的不良条件和行为，防止事故和职业病，保护劳动者在劳动过程中的安全与健康。

## 一、劳动保护的意义

保护劳动者在生产劳动过程中的安全与健康，是坚持社会主义制度的本质要求，是发展生产、促进经济建设中的一项大事，也是社会主义物质文明和精神文明建设的一项重要内容。

### （一）劳动保护是国家的一项基本政策

"加强劳动保护，改善劳动条件"，是载入宪法的神圣规定。党的二十大报告指出"健全劳动法律法规，完善劳动关系协商协调机制，完善劳动者权益保障制度，加强灵活就业和新就业形态劳动者权益保障。"

保护劳动者在生产劳动中的安全与健康是我们国家的一项基本政策，也是社会主义国家各类企业进行经营管理的基本原则。只有加强劳动保护，才能确保安全生产，从而改变长期以来不少企业中工伤事故频发和职业危害严重的不良局面，保障劳动者的切身利益，提高他们建设社会主义的积极性和主观能动性，促进社会安全和现代化建设事业的持续、稳定发展。

### （二）劳动保护是促进国民经济发展的重要条件

劳动保护有着重要的政治意义，从某种意义上来说，劳动保护也有着不可忽视的经济意义。在生产过程中，人是最宝贵的，人是生产力诸要素中起决定作用的因素。探索和认识生产中的自然规律，采取有效措施，消除生产中不安全和不卫生因素，可以减少或避免各类事故的发生；创造舒适的劳动环境，可以激发劳动者的热情，充分调动和发挥他们的积极性，这些都是提高劳动生产率、提高经济效益的基本保证。同时，加强劳动保护工作，还可减少因伤亡事故和职业病所造成的工作日损失和救治伤病人员的各项开支，减少由设备损坏、财产损失和停产造成的直接或间接经济损失。这些都与提高经济效益密切相关。

## 二、劳动保护的内容

劳动保护包括劳动安全保护、劳动卫生保护、未成年人保护、女工保护等。

### （一）劳动安全保护

为了保护劳动者的劳动安全，防止或减少劳动者在劳动和生产过程中的伤亡事故，同时防止生产设备遭到破坏，我国《劳动法》和其他相关法律、法规制定了劳动安全技术规程。安全技术规程主要包括：机器设备的安全；电气设备的安全；锅炉、压力容器的安全；建筑工程的安全；交通道路的安全。企业必须按照这些安全技术规程使各种生产设备达到安全标准，切实保护劳动者的劳动安全。

**拓展阅读**

#### 劳动安全法

劳动安全法是指国家为了防止劳动者在生产和工作过程中发生伤亡事故，保障劳动者的生命安全和防止生产设备遭到破坏而制定的各种法律规范。

劳动安全法的内容十分广泛，它涉及生产和经营的各个领域，概括起来，主要包括以下三个方面。

**一、工厂安全技术规程**

工厂的生产活动，涉及来自各方的不安全因素，工厂也是机器设备最集中的场所。

因此，围绕工厂的活动，我国颁布了一系列安全技术规程，主要内容包括以下五类。

一是工厂工作场所或环境的安全技术规范，如《工厂安全卫生规程》《铁路道口管理暂行规定》等。这类规定，通过规定工厂区域和工作场所内安全标志、设施、各种机械位置以及光线、通道等方面的安全标准和指标，保证劳动者有一个安全的工作场所或工作环境。

二是机械设备安全技术方面的规范，如《生产设备安全卫生设计总则》（GB5083—1999）。这些技术规范主要通过规定机械各危险部位的防护装置、压力机械安全装置、危险部位的安全指示装置的标准和要求，减少危险事故的发生。

三是电器设备方面的安全技术规范。包括电器设备质量安全，设备的安装、操作，线路的回调，定期检修等方面的安全技术规范。

四是锅炉压力容器方面的安全技术规范，如《压力容器安全技术监察规程》等。具体内容包括压力容器的制造、运输、安装、使用、保养、维修等方面的安全技术规范。

五是起重机械安全技术规范，如《起重机械安全规程》等。内容包括起重机械设备安全技术规范、操作行为规范、安全标记和操作信号规范等。

### 二、建筑安装工程安全技术规程

建筑安装工程具有高空作业、露天作业、流动性作业、劳动强度大和劳动条件差等特点。为了保障建筑工人的安全和健康，防止和减少伤亡事故的发生，国家颁布了《建筑安装工程安全技术规程》，要求各施工单位严格执行。这个规程对施工的一般要求做了规定。

### 三、矿山安全法律规范

矿山是安全事故发生率较高的劳动场所。为了保障矿山安全生产，保护劳动者的生命安全，国家制定了以《矿山安全法》为基础的一系列矿山劳动安全法律规范。

## （二）劳动卫生保护

### 1. 劳动卫生保护法律法规

为了保护劳动者在劳动生产过程中的身体健康，避免有毒、有害物质的危害，防止、消除职业中毒和职业病，我国制定了有关劳动卫生方面的法律规范，如《劳动法》《环境保护法》《工厂安全卫生规程》《关于加强防尘防毒工作的规定》《工业企业设计卫生标准》《工业企业噪声卫生标准》《防暑降温措施管理办法》《尘肺病防治条例》等。这些法律规范都制定了相应的劳动卫生规程，主要包括以下内容：①防止粉尘危害；②防止有毒、有害物质的危害；③防止噪声和强光的刺激；④防暑降温和防冻取暖；⑤通风和照明；⑥个人防护用品的供给。企业必须按照这些劳动卫生规程达到劳动卫生标准，才能切实保护劳动者的身体健康。

**2. 职业卫生与职业病**

在社会分工的各个环节上，因为每个职业的劳动对象、劳动条件、劳动环境和劳动形式均有其特殊性，这种特殊性决定了各个职业之间的区别，也会影响从业者的健康，良好的工作环境有利于身体健康，恶劣的劳动条件损害健康，甚至导致疾病或死亡。

职业卫生是研究劳动条件与职业从事者健康之间关系的学科，是预防医学的重要组成部分，其目的是使从业者在其所从事的生产和工作过程中有充分的安全和健康保障。我们需要了解职业卫生与职业病的相关知识。

职业病是指企业、事业单位和个体经济组织等用人单位的劳动者在职业活动中，因接触粉尘、放射性物质和其他有毒、有害因素而引起的疾病。这一概念不仅限于生产性质的企业，也包括学校、医院等非营利性事业单位的劳动者。2013年12月23日，国家卫生计生委、人力资源社会保障部、安全监管总局、全国总工会四部门联合印发《职业病分类和目录》。它将职业病分为职业性尘肺病及其他呼吸系统疾病、职业性皮肤病、职业性眼病、职业性耳鼻喉口腔疾病、职业性化学中毒、物理因素所致的职业病、职业性放射性疾病、职业性传染病、职业性肿瘤、其他职业病10类，共132种。

**3. 劳动防护用品**

劳动防护用品，顾名思义是保障劳动者生命安全与健康的重要防线和屏障，也是针对危险源的最后一道防线。为了确保劳动者的人身安全，每个单位应针对不同岗位的需要发放相应的劳动防护用品，并且保证每个劳保用品被正确使用。使用劳动防护用品的一般要求如下。

1）使用劳动防护用品前应首先做一次外观检查。检查的目的是认定防护用品对有害因素的防护效能和防护程度，观察防护用品有无缺陷或损坏，各部件组装是否严密，启动是否灵活等。

2）劳动防护用品的使用必须在其性能范围内，不得超性能范围使用；不得使用未经国家指定、未经监测部门认可（国家标准）和检测还达不到标准的产品；不能随便用其他用品代替劳动防护用品，更不能以次充好。

3）严格按照使用说明书正确使用劳动防护用品。劳动防护用品部件（见图1-5-6）分为：①安全帽；②防护耳罩；③防护口罩；④防护手套；⑤安全鞋；⑥安全带；⑦安全服；⑧防护眼罩。

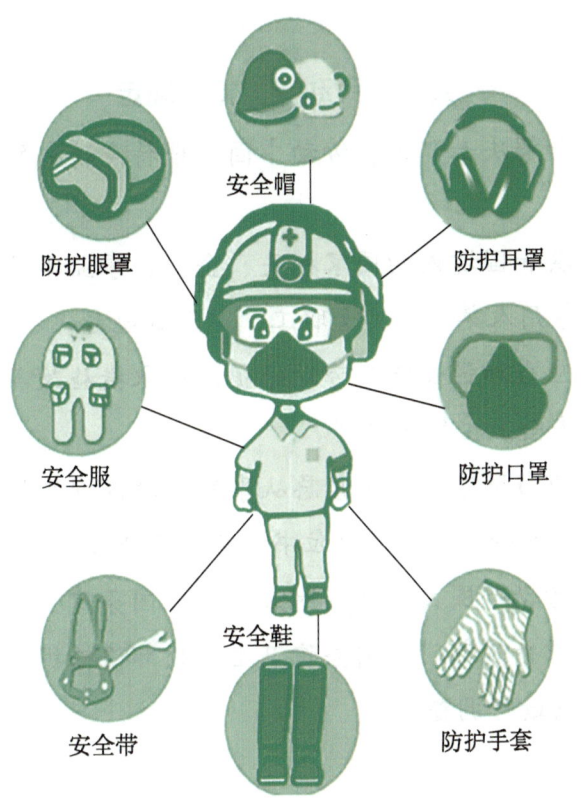

图 1-5-6 劳动防护用品

### （三）未成年人保护

未成年工是指年满 16 周岁不满 18 周岁的劳动者。由于未成年工的身体还没有完全发育成熟，从事某些工作会危害其生长发育和身体健康，因此国家对未成年人就业做出了一些保护性的规定，主要包括如下四点。

1）用人单位不得安排未成年工从事矿山井下及有毒有害的工作。

2）不得安排未成年工从事重体力劳动。

3）不得安排未成年工从事其他禁忌从事的劳动，包括森林业伐木、流放作业、高空作业、放射性物质超标的作业以及其他会影响未成年工生长发育的作业。

4）要对未成年工定期进行健康检查。一般说来，未成年人在生理上和心理上还不成熟，家长最好不要让他们过早参加工作。如果他们能在就业之前参加一两年的职业技术培训，掌握一些实用技术，他们在外出务工时才能更好地发挥自己的优势。

### （四）女工保护

《女职工劳动保护特别规定》于 2012 年 4 月 18 日由国务院第 200 次常务会议通过，并 2012 年 4 月 28 日公布施行。

### 女职工劳动保护特别规定

**第一条** 为了减少和解决女职工在劳动中因生理特点造成的特殊困难，保护女职工健康，制定本规定。

**第二条** 中华人民共和国境内的国家机关、企业、事业单位、社会团体、个体经济组织以及其他社会组织等用人单位及其女职工，适用本规定。

**第三条** 用人单位应当加强女职工劳动保护，采取措施改善女职工劳动安全卫生条件，对女职工进行劳动安全卫生知识培训。

**第四条** 用人单位应当遵守女职工禁忌从事的劳动范围的规定。用人单位应当将本单位属于女职工禁忌从事的劳动范围的岗位书面告知女职工。

女职工禁忌从事的劳动范围由本规定附录列示。国务院安全生产监督管理部门会同国务院人力资源社会保障行政部门、国务院卫生行政部门根据经济社会发展情况，对女职工禁忌从事的劳动范围进行调整。

……

## 三、岗位实习与相关法律法规

岗位实习是指在实际工作岗位上进行的实习，是职业教育和培训中非常重要的一环。对于提高职业技能、了解职业环境、增强职业意识、提高就业竞争力等有重要意义。

2021年，教育部、工业和信息化部、财政部、人力资源社会保障部、应急管理部、国资委、市场监管总局和中国银保监会对《职业学校学生实习管理规定》（以下简称《规定》）进行了修订，进一步明确了学生实习的行为准则，为实习管理划定了"红线"。修订后的《规定》包括总则、实习组织、实习管理、实习考核、安全职责、保障措施、监督与处理、附则等8章、50条，与原《规定》相比，修订后进一步明确了实习参与各方的责任、权利和义务，规范了实习各环节过程的基本要求。教育部门会同有关部门建立实习管理协调落实机制，各部门结合各自职责，鼓励支持学校和实习单位开展学生实习。

我们除了要了解《职业学校学生实习管理规定》，还需要了解以下法律法规，进一步提升劳动保护意识，这些法律法规包括《教育法》《职业教育法》《劳动法》《安全生产法》《未成年人保护法》《职业病防治法》等。

劳动教育与实践指导

# 第二篇
# 实践篇

第二篇

# 任务 1　居之有序

 **劳动发布**

内务整理是人生的基本技能。本任务将引导学生根据校内内务整理要求，掌握衣物收纳、床铺整理（见图 2-1-1）等基本日常生活劳动的技能，保持个人物品与内务环境的整洁，做到居之有序；引导学生形成良好的个人生活自理观念，提升承担家庭劳动义务的责任意识。

图 2-1-1　整洁的寝室床铺

 **劳动目标**

- 懂得坚持个人生活自理、维护良好的个人形象、保持整洁的生活环境对生命质量的意义，更懂得收纳整理是生活价值观的体现。
- 会根据内务整理规范整理自己的房间，根据收纳基本原则整理衣柜、书柜。
- 每天能坚持完成个人物品的整理和内务环境的清洁，参与家务劳动，承担家庭责任。

 **劳动实践**

## 活动 1　置物有定位

内务整理包含很多方面，例如寝具、书桌、鞋子等。在寝室的集体环境中，要保持整洁，就要置物有定位、清洁任务天天做。

内务整理中的套被罩相对来说是一个费时费力的体力活。一个人单独完成很费力，两个人一起做也不轻松。到底有没有轻轻松松套被罩的方法呢？本次活动介绍一种简单便捷的套被罩方法。

**步骤1** 如图 2-1-2 所示，将被罩内外翻转铺平，再将被子铺在上面，被罩与被子各边对齐，被罩的开口边冲向自己。

图 2-1-2 套被罩步骤 1

**步骤2** 如图 2-1-3 所示，把被罩和棉被的两个角向中折起，形成一个三角形。

图 2-1-3 套被罩步骤 2

**步骤3** 如图 2-1-4 所示，从三角形位置向下卷，一直卷到头。

图 2-1-4 套被罩步骤 3

**步骤 4** 如图 2-1-5 所示,接下来将被罩从开口处往外反掏,把卷起来的被子展开,最后将对折的两个角的棉被拉出,抖平。

图 2-1-5 套被罩步骤 4

请制订你个人的"每日内务整理十条",填写表 2-1-1。

表 2-1-1 每日内务整理十条

| | |
|---|---|
| 1 | |
| 2 | |
| 3 | |
| 4 | |
| 5 | |
| 6 | |
| 7 | |
| 8 | |
| 9 | |
| 10 | |

> **小贴士**

个人内务整理包含很多方面，例如房间除尘、衣物洗涤、个人卫生、床铺整理、物品收纳等。具体的整理方法如图 2-1-6 所示。

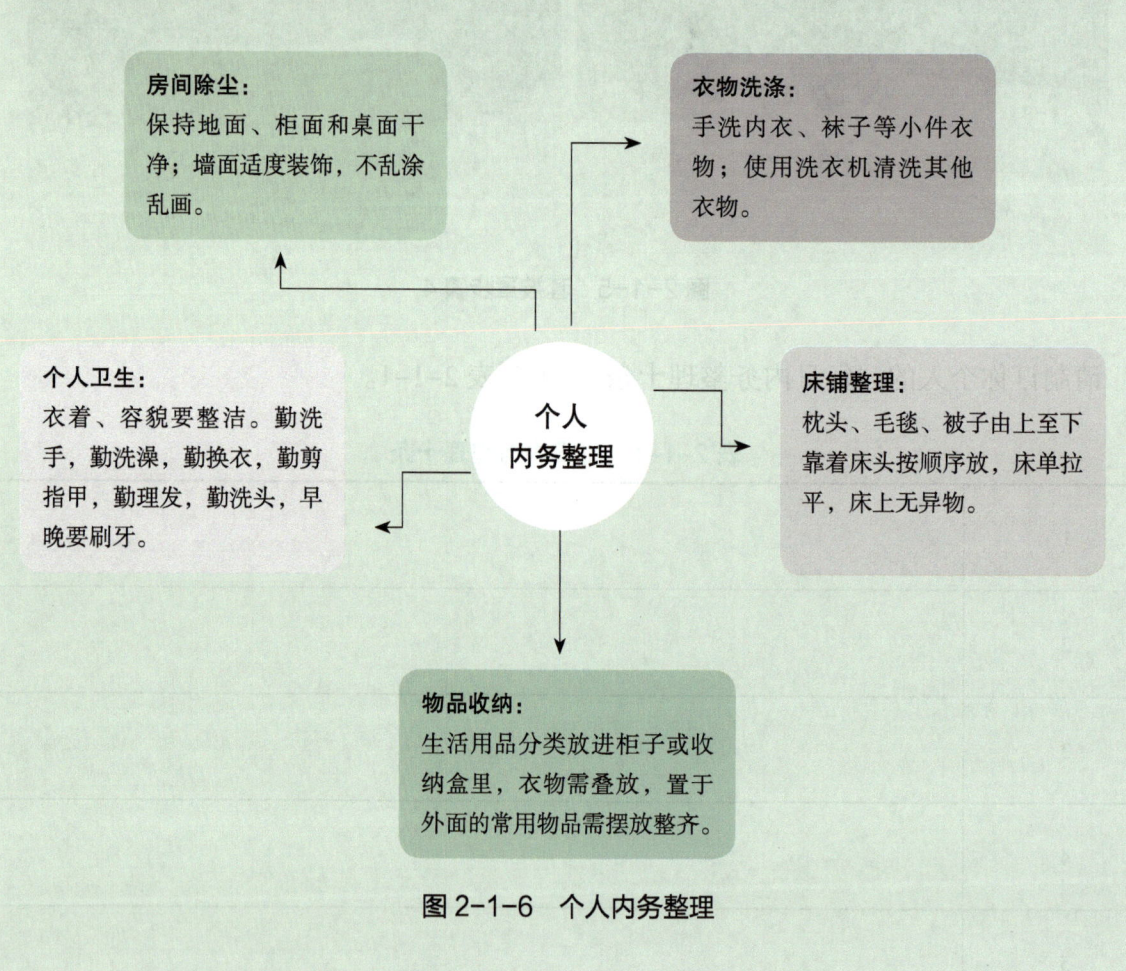

图 2-1-6　个人内务整理

## 活动2　物品巧收纳

正所谓"七分整理，三分收纳"。学会整理，要先正确认识收纳：收纳不仅是为了把物品收起来、藏进去，更是为了记得住、看得清、拿得到、易送回。房间看起来很干净，打开柜子，里面却一团糟，甚至一开柜门，里面的东西就掉出来了，这不叫收纳。收纳需要先区分"有用物品"（要保留的）和"无用物品"（要清理掉的）。以下收纳原则和收纳技巧是在收纳之前需要先掌握的内容。

**收纳原则**
1. 物品分类，清点物品，留下有用之物。
2. 设定位置，固定物品的位置。
3. 物品入柜，减少放在外面的装饰品。
4. 物归原位，东西用完，马上放回原位。
5. 专属空间，有属于自己的专属收纳空间。

**收纳技巧**
1. 常用物外放，使用频率高的物品放外面，不常用的放入收纳装置。
2. 借助收纳盒，厨房书桌抽屉内可借助小盒子划分区域，使小物件井然有序。
3. 垂直向收纳，即利用家或寝室内空着的墙面收纳物品。
4. 利用好角落，角落是很好的收纳空间，要充分利用，同时能营造特别的美感。

## 一、叠衣服

衣服怎么叠更能节省空间？将衣服叠成方块状是生活中最常见的，这种叠法美观方便，实用有条理。

下面介绍几种衣服的常用叠法。

1）T恤衫：在叠T恤衫之前，应尽量将它展开放平以避免褶皱，尤其要避免领口的折痕；将袖口向后折叠，根据收纳空间的大小确定最后的宽度；两侧向后折叠，最后对折一次或两次来调整长度。

2）衬衫：先将衬衫扣子扣好，再平铺整理好，然后将衬衫翻过去，将衬衫两边的袖子沿着肩膀纵向对折，最后将衣服底部1/3处向上对折，再将衣领1/3处向下对折与之重叠放置。

3）毛衣：毛衣一定要彻底展开，根据收纳空间的大小调整折叠宽度，并注意控制厚度，避免褶皱；背面向上平铺，将两个袖子向内侧折叠，且相互叠压保持水平；将两侧整体向内侧折叠，使宽度保持为毛衣整体宽度的一半；将毛衣下摆向上折叠，至毛衣腋下部位，然后对折。

4）西裤：将两条西裤一条按照裤线折叠，另一条按照中线折叠，并将两条为一组，相互缓冲，可防止褶皱的产生。

> **小贴士**
>
> 衣橱整理是房间内务整理的重头戏。整理不等于收纳，它并不意味着把衣物都塞进衣橱。
>
> 有用的物品才需要收纳。你需要确定哪些是需要放进衣橱的，这是收纳；哪些是目前用不着的，需要收拾起来，这也是收纳；哪些是再也用不着的，需要处理掉，这是清理。也就是说，现在躺在衣橱里的东西并不意味着它应该待在那里。你需要进行一次彻底的"衣橱整理大作战"，并且要把衣橱整理作为一件常规事项定期开展。
>
> 衣橱里有多少衣服需要挂起来，又有多少衣服是需要叠起来的，这完全取决于衣橱的容纳能力和内部构造。如果是挂起来的话，那么建议用纵向挂衣法。使用多功能衣架或魔术衣架就能实现，如果手边一时没有这种衣架，也可以用易拉罐拉环自制多功能衣架。

| 衣橱收纳 | 1. 当季衣物放在随手可取的位置。<br>2. 将衣服按不同分类放入衣橱。<br>3. 使用小格收纳盒放置内衣、袜子等小件衣物。<br>4. 衣橱里尽量使用透明的储物箱。<br>5. 巧妙地使用挂钩、隔板可以增加收纳空间。<br>6. 养成习惯，物归原位。 |
|---|---|
| 驱虫增香 | 1. 放薰衣草、薄荷、肉桂等类型精油，不但可以驱虫，还可以在衣服上留下芳香。<br>2. 衣柜里放些香皂既可以去味，也能防虫。 |
| 除湿防潮 | 1. 报纸的除湿效果很好，在衣柜底部铺上报纸，或者在衣柜门内侧贴上报纸都可以起到防霉防潮的效果。<br>2. 把茶叶用纸或袜子包成几个小包，放在衣柜的各个角落，能起到吸湿除味的作用。 |

**真空收纳袋**　　冬天的厚被、垫被等物品即便叠好还是会占据较大空间，建议用真空收纳袋等工具进行收纳。真空收纳袋有免抽气型的，也有需要搭配吸尘器或抽气泵等装置操作的。

## 二、书桌书橱整理

房间里除了衣物，最多的物品应该就是各类书籍和文具了。干净整齐的书桌能够使人心情更舒畅，注意力更集中，从而提高效率。在进行书桌书橱整理的时候，第一步将要保留的和要清理掉的物品进行分类；第二步将保留的物品按照是否常用进行分类。请同学们根据自身情况清点书桌、书橱里的物品，并按照常用物品和非常用物品进行分类，填写在表 2-1-2 中。

表 2-1-2　书桌书橱整理

| 常用物品 | 非常用物品 |
| --- | --- |
|  |  |
|  |  |
|  |  |
|  |  |
|  |  |
|  |  |
|  |  |
|  |  |

**小贴士**

1. 有效利用书架、收纳盒进行整理。
2. 使用标签贴让收纳盒里的东西更容易被找到。
3. 立不起来的薄书、纸质材料可以用文件夹固定。
4. 定期给书桌书橱除尘。
5. 定期清理不需要的文具和图书。

## 活动3　家务天天做

"整理"需长期进行、定期开展。内务整理有统一的要求和原则,但具体操作和实施又因人而异,因此每个人都需要有专属的整理方案和计划,如表2-1-3所示。请你和家人一起商量如何制订你的专属整理计划,并执行该计划,最后请父母对你的劳动过程进行评价。

表 2-1-3　内务分类表

| 类别 | 项目 | 具体事项 |
| --- | --- | --- |
| 日常内务小整理 | 个人卫生 | 面部 |
| | | 口腔 |
| | | 头发 |
| | 床铺 | 洗床单 |
| | | 换被罩 |
| | | 叠被子 |
| | 书桌 | 书籍 |
| | | 文具 |
| | 收纳 | 日化 |
| | | 衣物 |
| 定期内务大清理 | 内容 | 房间 |
| | | 物品清洁 |
| | | 柜子整理 |
| | 频率 | 每天 |
| | | 每月 |
| | | 每周 |
| | 预期时长 | 30 分钟 |
| | | 1 小时 |
| | | 更多时长 |

父母对你劳动过程的评价（评价内容包含劳动项目、劳动时长、坚持天数等）

_____
_____
_____
_____

## 活动4　适度"断舍离"

"整理"除了表示收拾，使东西摆放有条理、有秩序以外，还要学会"断舍离"，去除不需要的东西。把散在各处的物品拿容器装起来或者藏到看不见的地方，不是真正意义上的收纳或整理。你需要边整理边清理，这并不是鼓励你喜新厌旧、任意浪费，而是让你通过整理，更好地认识这些物品的存在价值，从而更加善待它们，并从此减少购买不必要的物品。另外，记得一定要做好垃圾分类！请在表2-1-4里记录你的整理成果。

表 2-1-4　我的"断舍离"整理记录单

| 姓名 |  | 时间 |  |
|---|---|---|---|
| 物品名称 | 清理原因 |  | 清理方式 |
|  |  |  |  |
|  |  |  |  |
|  |  |  |  |
|  |  |  |  |

通过这次整理，我对物品的购买和收纳有以下思考：

## 劳动评价

### "居之有序"劳动实践综合评价表

| 评价内容 | 评价细则 | 分值 | 学生自评（20%） | 组间互评（30%） | 教师评价（50%） | 分项得分 |
|---|---|---|---|---|---|---|
| 劳动认知 | 了解内务整理的范围，包含物品放置、收纳、清洁，整理等活动 | 10 | | | | |
| | 懂得生活自理、有序生活的重要性，懂得收纳整理是规律生活的体现 | 10 | | | | |
| 劳动能力 | 掌握套被罩的方法，定期换洗床单、被罩 | 10 | | | | |
| | 掌握叠放T恤、衬衫、毛衣、西裤等衣物的技巧 | 10 | | | | |
| | 能够整理书桌、衣柜，分类收纳日常物品 | 10 | | | | |
| | 能够区分常用和非常用物品，适当"断舍离" | 10 | | | | |
| 劳动习惯与品质 | 自觉养成每天打扫房间卫生的习惯，保持房间窗明几净，物品摆放有序 | 10 | | | | |
| | 劳动过程中注意洗涤剂用量适当，树立节水环保意识 | 20 | | | | |
| 劳动精神 | 勤劳热情，热爱劳动，尊重劳动者，尊重他人劳动成果 | 10 | | | | |
| 得分 | | | | | | |
| 自我总结 | | | | | | |

# 任务 2　食之有味

 劳动发布

中国饮食文化博大精深、源远流长，在世界上享有很高的声誉。老子这样论饮食："治大国若烹小鲜""圣人为腹不为目"。本任务将带领大家一起享受烹饪的乐趣，用美食调剂生活。

劳动目标

- 通过学习我国饮食文化，初步了解"八大菜系"和传统节日美食的特点，逐步养成良好的饮食习惯和饮食礼仪。
- 学会安全使用做饭工具，掌握健康饮食原则，能够根据家庭饮食习惯，独自制作2-3道美食。
- 能够根据营养搭配均衡的原则制定家庭菜单，利用课余时间为家人制作菜单上的美食。

 劳动实践

## 活动1　弘扬饮食文化

我国幅员辽阔，各地自然条件、人们的生活习惯、经济文化发展状况不同，在饮食烹调和菜肴品类等方面，逐渐形成了各自不同的地方风味。如图2-2-1所示，最出名的八大菜系分别是鲁菜、川菜、苏菜、闽菜、粤菜、浙菜、湘菜、徽菜。

图 2-2-1 八大菜系图

现在让我们来一起深入了解"八大菜系"的特点，填写见表 2-2-1。

表 2-2-1 八大菜系我了解

| 菜系 | 由来与发展 | 口味 | 代表菜 |
| --- | --- | --- | --- |
| 鲁菜 | | | |
| 川菜 | | | |
| 粤菜 | | | |
| 苏菜 | | | |
| 闽菜 | | | |
| 浙菜 | | | |
| 徽菜 | | | |
| 湘菜 | | | |
| 我最爱的代表菜及理由 | | | |

# 活动2　关注膳食营养

均衡饮食和适量运动对于人们十分重要。均衡饮食是指选择多种类和适当分量的食物，以便能提供各种营养素和恰当热量使身体正常运作，抵抗疾病，并让人感到精力充沛、维持理想体重。煎炸类、过甜或过咸的食物都可能引致肥胖、高血压、高胆固醇等，有损健康。

请你对家庭一天的饮食情况进行分析（见表2-2-2），看看饮食结构是否合理。

表 2-2-2　我的家庭饮食情况分析

日期_____　　调查人_____

【家庭成员】_____

【饮食记录】

谷物、薯类：_____

蔬菜：_____

水果：_____

肉类、蛋类：_____

奶及奶制品、大豆、坚果类：_____

油：_____

盐：_____

水、饮料：_____

## 活动3　烹饪家常菜

烹饪不仅是一门技术，也是表达对家人关心的一种方式。请为家人设计一周菜单（见表 2-2-3），并烹饪一道清蒸鲈鱼，送上对家人的一份爱，最后完成表 2-2-4 "我的美食制作卡"。

表 2-2-3　家庭一周菜单

| | 早餐 | 午餐 | 晚餐 |
|---|---|---|---|
| 周一 | 面包、鸡蛋、牛奶、水果 | 米饭、凉拌黄瓜、清蒸鲈鱼、麻婆豆腐、西红柿鸡蛋汤 | 馒头、素炒豆芽菜、糖醋小排、西湖牛肉羹 |
| 周二 | | | |
| 周三 | | | |
| 周四 | | | |
| 周五 | | | |
| 周六 | | | |
| 周日 | | | |

表 2-2-4 我的美食制作卡

美食名称：_____

营养价值：_____
_____

制作步骤：_____
_____
_____
_____
_____
_____

不足之处：_____
_____

改进措施：_____
_____

家人的评价：_____
_____
_____
_____

制作美食的感受：


你想对平时辛苦准备一日三餐的家人说些什么？

任务 2　食之有味

鲈鱼富含蛋白质、维生素等微量元素，具有补肝肾、益脾胃、化痰止咳之功效，对肝肾不足者有很好的补益作用。比较常见的有海鲈和淡水鲈两种，家庭中食用鲈鱼的方法多为清蒸或红烧。清蒸鲈鱼看似简单，但要做得色香味俱全还是有些讲究。清蒸鲈鱼的具体操作步骤如图2-2-2所示。

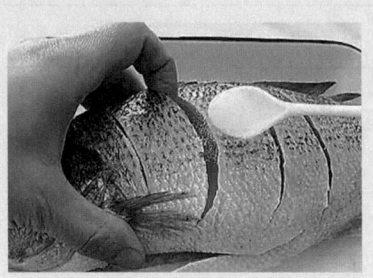
1 准备一条鲜活的鲈鱼，处理清洗干净。两面都打上花刀，撒上少许盐腌制。

2 在花刀处和鱼肚里面放入葱丝、姜丝、料酒，去除腥味，水开下锅，开始蒸。

3 小葱叶子切细丝，大葱葱白切细丝，红椒切细丝。

4 将切好的葱丝、红椒丝放入水中浸泡，浸泡后的葱丝打卷会更漂亮一些。

5 八分钟后，取出蒸好的鱼。

6 蒸好后的鱼盘里会有很多水，这个水有腥味，一定要倒掉，同时捡出葱姜。

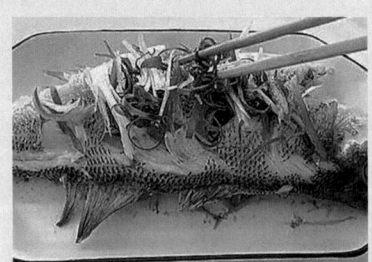
7 将浸泡好的葱丝、红椒丝放在蒸好的鱼身上。

8 在鱼身上倒点生抽或者蒸鱼豉油，最后浇上热油。

图 2-2-2　清蒸鲈鱼的烹饪步骤

## 拓展阅读

### 一、我国的饮食结构

我国的饮食结构是由人民的经济生活水平所决定，也是由中华民族千百年来的饮食经验积淀而成。从秦汉开始，中国人的膳食结构就是以植物性食料为基础，比如粮、豆、蔬、果、谷类等。主食是五谷，副食是蔬菜，外加少量的肉食，正如孔子在《论语·乡党》篇中说"肉虽多，不使胜食气"，这实际上是我国传统膳食结构理论最早的文字记载，即指日常饮食应当以食谷为主，即使肉多时，也不可超过食谷。

### 二、色、香、味、形的有机统一

我国饮食注重五味调和，以及色、香、味、形的有机统一。其中，在色的配制上，以辅助的色彩来衬托、突出、点缀和适应主料，形成菜肴色彩的均匀柔和、主次分明、浓淡相宜、和谐悦目。在口味的配合上，强调香气，突出主味，并辅佐调料，使之增香增味。在形的配制上，注重造型艺术，运用点缀、嵌酿等手法，融雕刻和菜肴于一体，形成和谐美观的造型。

## 小故事

### 鱼香肉丝

相传，四川成都有个王氏家族，他们经常到外地去做生意。有一次，他们在路上遇到了一个卖鱼的小贩。他们买了一些鱼，想做一顿丰盛的鱼宴。但是，他们没有带醋和糖，而这两种调料是做鱼的必需品。于是，他们就用自己随身携带的辣椒、花椒、豆瓣酱等调料，和一些葱、姜、蒜等香料，制作了一种酸辣鲜香的酱汁，用来烹饪鱼肉。他们发现，这种酱汁不仅能去除鱼的腥味，还能增加鱼的风味，让鱼肉更加嫩滑多汁，于是他们把这种酱汁称为"鱼香"，并用它来炒制其他食材，如肉丝、豆腐等，就产生了"鱼香肉丝"这道名菜。

##  劳动评价

### "食之有味"劳动实践综合评价表

| 评价内容 | 评价细则 | 分值 | 学生自评（20%） | 组间互评（30%） | 教师评价（50%） | 分项得分 |
|---|---|---|---|---|---|---|
| 劳动认知 | 懂得"民以食为天"的道理，了解餐桌礼仪等饮食文化 | 10 | | | | |
| | 懂得膳食营养均衡的重要性 | 10 | | | | |
| 劳动能力 | 掌握健康饮食的营养搭配原则，合理安排一日三餐 | 20 | | | | |
| | 学会制作清蒸鲈鱼等复杂的佳肴 | 10 | | | | |
| | 了解并遵守用餐礼仪 | 20 | | | | |
| 劳动习惯与品质 | 主动参与烹饪，能够与家人共同制作美食，享受美好"食"光 | 10 | | | | |
| | 烹饪过程中自觉注意安全和卫生，节约食材 | 10 | | | | |
| 劳动精神 | 热爱烹饪，有家庭责任感，能够为家人准备三餐 | 10 | | | | |
| 得分 | | | | | | |

自我总结

# 任务 3　用之有道

 **劳动发布**

　　家庭管理是指以提高家庭物质、精神生活质量为目的的家庭组织和建设活动,包括家庭中的衣食住行、人情往来、日常消费、健康保健、教育投入等。比如,水、电、燃气等费用是家庭生活中必须支出的,但如何统计这些支出,并且勤俭持家呢?在本任务中,我们将一起学习家庭经营与管理的方法。

**劳动目标**

- 作为家庭一员,应该主动承担家庭责任,掌握家庭生活基本常识和技能,营造更美好的生活。
- 通过学习和参与家庭理财等活动,掌握家庭安全、经济等方面的管理方法。
- 通过自己的劳动和智慧,参与家庭的经营与管理,使家庭生活更美好。

 **劳动实践**

## 活动1　制订家庭经营与管理计划

　　家庭经营与管理直接影响家庭生活质量,关系家庭是否和谐幸福,是每个家庭成员都应承担的一项责任与义务。家庭经营与管理的内容包含家庭经济管理、家务劳动管理、家庭饮食管理、家庭投资管理、家庭卫生管理等许多方面。同学们,请结合自己家庭的情况，整理出本月家庭经营与管理计划表，填写在表 2-3-1 中。

表 2-3-1　本月家庭经营与管理计划表

| 项目 | | 具体内容 |
|---|---|---|
| 家庭经济管理 | 家庭收入 | |
| | 家庭支出 | |
| | 投资理财 | |
| 家务健康管理 | 饮食健康 | |
| | 运动锻炼 | |
| | 医疗保健 | |
| 家庭文化管理 | 言传身教 | |
| | 家风建设 | |
| | 家规家训 | |
| 家庭教育管理 | 教育规划 | |
| | 亲子活动 | |
| | 学习辅导 | |
| 家务劳动管理 | 房屋清洁 | |
| | 物品整理 | |

## 活动2　家庭消费调查

掌握家庭消费支出，才能做好理财规划，使家庭财产得到保值和增值。本活动将完成家庭消费调查。

第一步，家庭消费支出包括生活必需、休闲娱乐、交际应酬、学习四个方面。

图 2-3-1 为家庭消费支出示例。请根据自己的家庭情况，调查平时家庭消费支出的具体内容。

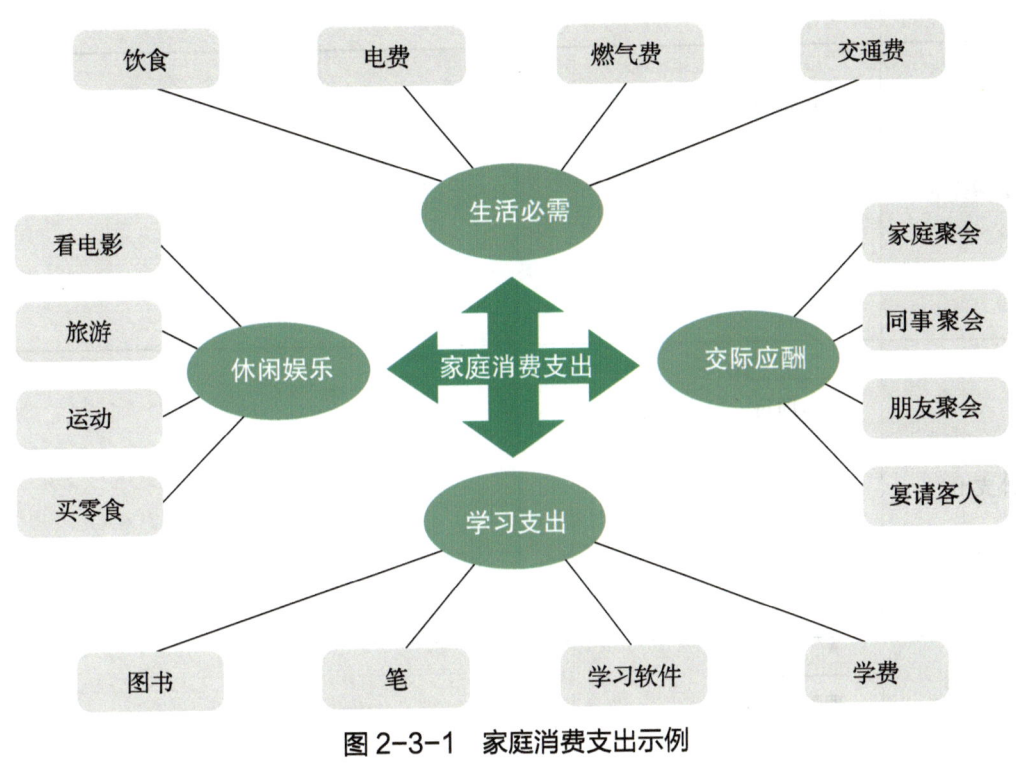

图 2-3-1　家庭消费支出示例

第二步，计算各项消费一个月的支出及其占总支出的百分比，并制作饼状图。

## 活动3　家庭消费理财规划

理财是对财产的有效管理，就是有效、合理地处理和运用钱财。作为一名学生，虽然我们还没有自己的收入，个人财物并不多，绝大多数是父母给的生活费和零花钱，但我们应该学会理财、重视理财，对家庭理财做好规划，这对家庭的经营以及以后走上社会都有很大的帮助。

从家庭理财规划的整体来看，它包含三个层面的内容：首先是设定家庭理财目标；其次是掌握现时收支及资产债务状况；最后是利用投资渠道来增加家庭财富。

通过活动1和活动2，同学们已经对家庭消费支出情况有所了解，请分析和改进自己的消费理念，并拟定一份合理的消费理财规划书，填写表2-3-2。我们可以通过各项支出，分析找出其中不必要的花销，对这些项目进行削减，将节约下来的钱和自己攒的钱，进行投资理财，实现财富增长，为以后生活学习打下更好的经济基础。

表 2-3-2　我的消费理财规划书

| 每月可支配金额 | _____元 |
|---|---|
| 生活必需开支 | _____元<br>支出项目： |
| 额外支出 | _____元<br>支出项目： |
| 结余金额 | _____元<br>理财计划： |

> 小贴士

**一、国内主要的理财机构**

目前国内能够提供理财服务的机构主要有银行、证券公司、基金公司、保险公司等。

1. 银行

银行是最常见的投资理财公司之一，它们提供各种类型的存款、基金、股票和债券等投资产品。

2. 证券公司

证券公司是专门从事证券交易的公司，它们提供股票、基金、债券等投资产品，也提供投资咨询和研究报告等服务。

3. 基金公司

基金公司是专门从事基金管理的公司，它们提供各种类型的基金产品，包括股票基金、债券基金、货币基金等。

4. 保险公司

保险公司提供各种类型的保险产品，包括人寿保险、健康保险、车险等，也提供投资型保险产品，如万能险、分红险等。

## 二、学生如何理财

1. 计划消费

学生的生活、学习基本是有规律的，消费支出基本上也有比较稳定的几大类别，如果学生每个月做好计划，确定每月有多少钱，哪些是必须消费，哪些是可消费可不消费，哪些是奢侈消费，就能做到心中有数，按需消费。

2. 勤工俭学

常见的勤工俭学有兼职做家教，或者争取学校勤工俭学的岗位，赚取收入。

3. 每月定投

定投指每个月或者定期从收入中提取一部分金额存入理财账户，积少成多。注意，每月的收入是先定投，然后购买必需品，剩下的再灵活消费，千万不要等月底有结余才定投。

4. 养成记账的习惯

记账习惯的培养是理财中极为重要的一个步骤，可以用记账本或理财软件记录收支情况，然后进行数据分析。它可以明确记录你的经济收支走向，更有利于理财规划。

**劳动评价**

### "用之有道"劳动实践综合评价表

| 评价内容 | 评价细则 | 分值 | 学生自评（20%） | 组间互评（30%） | 教师评价（50%） | 分项得分 |
|---|---|---|---|---|---|---|
| 劳动认知 | 了解家庭管理的内容和范围，懂得家庭经营管理的重要性和复杂性 | 10 | | | | |
| | 理解家庭理财的重要性，能够主动承担家庭责任 | 10 | | | | |
| 劳动能力 | 了解家庭的财务状况，掌握家庭收支情况 | 20 | | | | |
| | 能够主动学习投资理财知识，做出理财规划 | 20 | | | | |
| 劳动习惯与品质 | 能够量入为出，注重绿色消费 | 20 | | | | |
| | 具有正确的理财观 | 10 | | | | |
| 劳动精神 | 勤俭生活，取之有道，用之有度，用之有道 | 10 | | | | |
| 得分 | | | | | | |

自我总结

# 任务 4　奉献社会

 **劳动发布**

　　参与志愿服务不是单方面的施与，也不是只拥有大量空闲时间并有一定物质基础的人才能参与，它是每个人都可以参与的一种公益活动。通过本任务，我们将对参与志愿服务工作有一个全面而正确的认识。

🎯 **劳动目标**

- 通过调查身边的社会服务需求，结合自身特点，选择一个岗位开展相关志愿服务。
- 根据社会服务岗位的职责要求，制订服务计划，认真学习岗位劳动技能并完成相应工作。
- 总结社会服务的意义和价值，分享社会服务的感受和体悟，增强服务意识。

 **劳动实践**

## 活动1　调查服务需求

　　请留心观察身边有哪些地方近期举办活动？这些活动是否在招募志愿者呢？让我们一起来了解社会服务需求，完成社会服务需求调查表（见表 2-4-1）。

表 2-4-1　社会服务需求调查表

| 序号 | 调查对象 | 服务岗位 | 岗位职责 |
|---|---|---|---|
| 1 | 市博物馆 | 讲解员 | 协助引导参观人员有序参观，并对展览事物进行讲解 |
| 2 | 市马拉松比赛 | 检录 | 协助检录员做好赛前点名、检查服装等检录工作 |
| 3 | | | |
| 4 | | | |
| 5 | | | |
| … | | | |

### 小贴士

#### 调研方法

常见的调研方法有问卷调查法、文献调查法、实地观察法、访谈调查法、网络调查法等。

问卷调查法是通过向被调查者发放事先设计好的调查问卷，由被调查者填写，经过回收和处理调查数据，从而获得所需要信息的方法。

文献调查法是通过搜集和摘取相应的文献，获取调研对象的有关信息的方法。

实地观察法是通过实地观察的方式，获得第一手资料的方法。该调研方法具有一定的偶然性，不适用大样本观察。

访谈调查法是通过与研究对象交谈收集所需资料的调查方法。

网络调查法是一种利用互联网技术和资源进行信息收集和数据分析的调查方法。

这些调研方法都有其特点和适用范围，需要根据研究需求和实际情况选择一种或几种方法组合。

## 活动2　学习服务技能

在开展志愿服务前,主办方一般会提供岗位技能培训,增强志愿者的活动信心,提升志愿者的服务能力,以保证志愿服务的质量。我们在志愿服务过程中学习与掌握新知识和技能的同时,也要注重总结经验与不足。在本活动中,请在表 2-4-2 中记录岗位服务技能要求、个人学习情况、经验与不足。

表 2-4-2　学习服务技能总结表

| 岗位服务技能要求 | 个人学习情况 | 经验与不足 |
| --- | --- | --- |
|  |  |  |

## 活动3　开展服务活动

同学们,经过前期的准备,现在需要大家正式走上服务岗位,请用文字和图片记录下服务过程中的精彩瞬间,填写在表 2-4-3 中。

## 表 2-4-3　我的服务记录表

服务时间：_____　　服务地点：_____

服务岗位与职责：_____

服务过程：

_____

_____

服务照片：










不足之处：

_____

_____

改进措施：

_____

_____

获得的评价：

_____

_____

个人感受：

_____

_____

### 小贴士

**志愿者日与志愿者标志**

每年 3 月 5 日是中国青年志愿者服务日，12 月 5 日是国际志愿者日。注册志愿者标识如图 2-4-1 所示，中国志愿服务标识如图 2-4-2 所示。

图 2-4-1　注册志愿者标识　　　图 2-4-2　中国志愿服务标识

2017 年 12 月 1 日，国务院颁布的《志愿服务条例》正式实施，这是我国第一部关于志愿者服务的专门性法规。该条例明确指出，志愿服务是指志愿者、志愿服务组织和其他组织自愿、无偿向社会或者他人提供的公益服务。

赠人玫瑰，手有余香。参与志愿服务既是助人，亦是自助；既能悦人，也能悦己；既是在帮助他人、服务群众、贡献社会，也是在传递爱心、宣扬文化、传播文明，对于促进社会的进步与稳定具有重大意义。

### 一、志愿服务的基本特征

志愿服务有自愿性、无偿性、公益性、服务性和组织性五个基本特征，其特征的精髓是奉献精神。奉献意味着无偿、不计报酬地为他人、为社会服务，具有奉献精神的人通常也会自发自愿地参与志愿服务。

1. 自愿性

自愿性并不排斥义务性。举例来说，有的公交线路没有无障碍设施，我们有义务帮助残障朋友享受公交出行这项公共服务。为让社会更美好，让每个人都享受发展带来的福祉，我们就有义务、有责任不求回报地去为他人服务、为社会付出。

2. 无偿性

志愿者无报酬，但志愿服务有成本。志愿者在志愿服务中付出时间、劳动、智力等，是不能获取报酬的，但为此付出的交通等成本，可由志愿服务组织、服务对象或企业，通过补贴的方式来帮助志愿者分担；也可通过提供保险、培训学习等方式，给予志愿者一定的回报或保障。志愿服务成本既可由志愿者组织方、志愿者、志愿服务对象独自承担，也可由多方共同承担。

3. 公益性

志愿服务最核心的就是拒绝私利。《中国志愿服务大辞典》关于"志愿服务"的定义中，明确提出"服务于非近亲属"。根据该概念，很多情况如学生回家做家务等，都不是志愿服务。

4. 服务性

志愿服务强调非物质化的援助，如献血、捐款行为，本身是物质化援助，不属于志愿服务，但是参与献血动员宣传、服务于献血者等，是志愿服务。同样，在募捐中参与动员、宣传、组织管理等服务也是志愿服务。

5. 组织性

有组织的志愿服务能够极大地提升志愿服务贡献力。人们经常批评去养老院服务的志愿者多集中在重阳节，批评去往灾区进行应急救援的志愿者太多，造成道路拥堵等，这些都是志愿服务缺乏管理或组织不善导致的。志愿服务的组织性，还有利于推动志愿服务制度化、专业化发展，比如规范志愿者招募和培训等，将更有助于志愿服务事业持续健康发展。

## 二、注册志愿者的基本条件

2013年11月，共青团中央、中国青年志愿者协会颁布新修订的《中国注册志愿者管理办法》。其中，对注册志愿者的基本条件做了如下规定。

1）年满十八周岁或十六至十八周岁以自己劳动收入为主要生活来源者；十四至十八周岁者，须经其法定代理人同意；未满十八周岁的在校学生申请注册的，按所在学校有关规定办理。

2）具备参加志愿服务相应的基本能力和身体素质。

3）遵守国家法律法规和注册机构的相关规定。

 **劳动评价**

### "奉献社会"劳动实践综合评价表

| 评价内容 | 评价细则 | 分值 | 学生自评（20%） | 组间互评（30%） | 教师评价（50%） | 分项得分 |
|---|---|---|---|---|---|---|
| 劳动认知 | 了解志愿服务的重要意义 | 10 | | | | |
| | 懂得参与志愿活动是无私奉献精神的体现，也是个人价值的体现 | 10 | | | | |
| | 了解志愿服务具有自愿性、无偿性、公益性、服务性和组织性的基本特征 | 10 | | | | |
| 劳动能力 | 能够采用多种方式调查社会服务需求 | 10 | | | | |
| | 能够不断学习服务技能，提升志愿服务能力 | 10 | | | | |
| | 能够完成志愿讲解、社区公益、卫生服务等活动 | 20 | | | | |
| 劳动习惯与品质 | 能够定期参与志愿服务活动 | 10 | | | | |
| | 热爱志愿服务，享受志愿服务所带来的成就感 | 10 | | | | |
| 劳动精神 | 有无私奉献精神和社会责任感，热爱志愿服务劳动，关爱他人 | 10 | | | | |
| 得分 | | | | | | |
| 自我总结 | | | | | | |

# 任务 5　传承传统手工艺

 劳动发布

中国传统手工艺有着数千年悠久的历史，蕴含着丰富的民族文化价值、思想智慧和实践经验。传统手工艺是民间艺人数千年来勤劳和智慧的结晶，也是中国作为文明古国最出彩的国际"名片"。因此，保护和传承传统手工艺是十分必要的。

通过本任务，我们将学习如何了解和传承传统手工艺。

劳动目标

- 了解陶瓷、木雕、刺绣、剪纸、扎染等传统手工艺的制作流程，感悟劳动人民的智慧。
- 围绕 1~2 项传统手工艺，挖掘其发展的历程、相关的人物故事、蕴含的精神品质。
- 小组合作，开展一项传统手工艺的制作，培养传承非遗文化的意识。

 劳动实践

## 活动1　了解传统工艺

请阅读以下关于陶瓷、木雕、刺绣、剪纸、扎染等传统手工艺的简介，然后以小组为单位，探讨各自的家乡有哪些传统手工艺。请选择 1~2 个主题，通过文献检索等形式，对其进行调查探究，进一步制作传承。

### 1. 陶瓷

根据考古发现，我国的陶器生产可以追溯到约公元前 8000 年—公元前 2000 年。用

113

陶土烧制的器皿叫陶器，用瓷土烧制的器皿叫瓷器。陶瓷则是陶器和瓷器的总称。古人称陶瓷为瓯。凡是用陶土和瓷土这两种不同性质的黏土为原料，经过配料、成型、干燥、焙烧等工艺流程制成的器物，都可以叫陶瓷（见图2-5-1）。

图2-5-1　陶瓷之定瓷

### 2. 木雕

中国木雕艺术起源于新石器时期，7000多年前的浙江余姚河姆渡已有木雕品。秦汉时期木雕工艺趋于成熟。施彩木雕标志着古代木雕工艺达到相当高的水平。木雕是雕塑的一种，在我国常常被称为民间工艺。木雕可以分为立体圆雕、根雕、浮雕三大类。木雕是从木工中分离出来的一个工种，在我国的工种分类中为"精细木工"。木雕作品（见图2-5-2）一般选用质地细密坚韧、不易变形的树种，如楠木、紫檀、樟木、柏木、银杏、沉香、红木、龙眼等。采用自然形态的树根雕刻的艺术品则为根雕。木雕有圆雕、浮雕、镂雕或几种技法并用，有的还涂色施彩，用以保护木质和进行美化。

图2-5-2　木雕凤凰

### 3. 刺绣

刺绣（见图2-5-3）就是用针将丝线或其他纤维、纱线以一定图案和色彩在绣料上穿刺，以绣迹构成花纹的装饰织物。刺绣是我国民间传统手工艺之一，主要有苏绣、湘绣、蜀绣和粤绣四大门类。刺绣的技法有错针绣、乱针绣、网绣、满地绣、锁丝、纳丝、纳锦、平金、影金、盘金、铺绒、刮绒、戳纱、洒线、挑花等。刺绣主要用于生活和艺术装饰，如服装、床上用品、台布、舞台、艺术品装饰等。

图2-5-3　刺绣

### 4. 剪纸

剪纸（见图2-5-4）是主要流行于我国河北省、山西省、辽宁省、江苏省、浙江省、广东省、云南省、陕西省。剪纸是用剪刀或刻刀在纸上剪刻花纹，用于装点生活或配合其他民俗活动的一种民间艺术。在我国，剪纸具有广泛

图2-5-4　剪纸

的群众基础，它融入了各族人民的社会生活，是各种民俗活动的重要组成部分。2006年，剪纸被列入第一批国家级非物质文化遗产名录。

### 5. 扎染

扎染是我国一种古老的纺织品染色工艺，大理叫它为疙瘩花布、疙瘩花。古文详细描述了古代扎染过程："撮揉以线结之，而后染色，既染，则解其结，凡结处皆原色，余则入染矣，其色斑斓。"其加工过程是将织物折叠捆扎，或缝绞包绑，然后浸入色浆进行染色，染色是用板蓝根及其他天然植物，故对人体皮肤无任何伤害。扎染中各种捆扎技法的使用与多种染色技术结合，染成的图案纹样多变，具有令人惊叹的艺术魅力。图2-5-5展示了扎染作品。

图2-5-5 扎染作品

## 活动2 制作传统扎染

### 步骤1 准备工作

首先，如图2-5-6所示，需要准备好纯棉白色布胚、染料、橡皮筋或线等工具。将布料浸泡在水中，直到充分湿润。

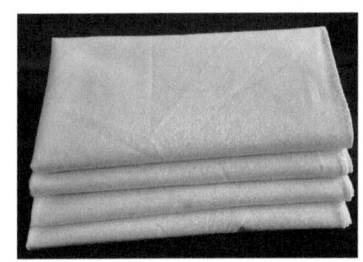

图2-5-6 扎染材料准备

### 步骤2 设计图案

如图2-5-7所示，将布料平铺在工作台上，使用橡皮筋或线将布料绑扎成不同的图案。可以使用不同的绑扎方法，如环绕绑扎、直线绑扎等，以创造出不同的花纹。

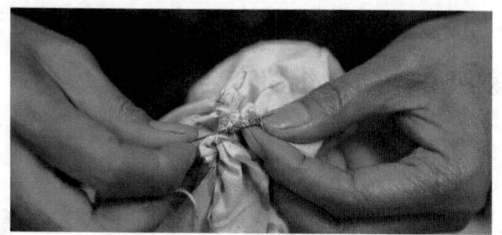

图 2-5-7　针线绑扎

**步骤 3　染色**

如图 2-5-8 所示，将准备好的染料浸泡在水中，将绑扎好的布料放入染料中浸泡。根据需要，可以使用不同的染料颜色，甚至在同一块布料上使用多种颜色。染的过程也有不同的手法，可以完全进到缸内，也可以进一半，这样有一个过渡色。

图 2-5-8　染色

**步骤 4　固定颜色**

如图 2-5-9 所示，在染色完成后，需要将布料放在阳光下晾干，然后将其浸泡在盐水中，以固定染料颜色。

图 2-5-9　固色

**步骤 5　清洗和晾干**

最后，将布料清洗干净，晾干后即可使用或保存。扎染作品如图 2-5-10 所示。

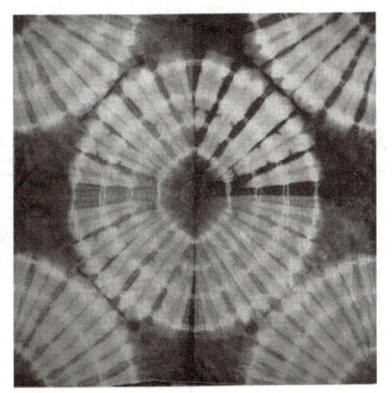

图 2-5-10　扎染作品

## 步骤 6　填写扎染劳动实践记录表

扎染制作完成后，填写表 2-5-1。

表 2-5-1　扎染劳动实践记录表

| 组别 | | 小组成员 | |
|---|---|---|---|
| 作品名称 | | 制作时间 | |
| 课前准备 | | | |
| 具体实践 | | | |
| 步骤 | 具体内容和时间 | | 成员分工 |
| | | | |
| 作品展示（打印成果照片贴在此处） | | | |

任务 5　传承传统手工艺

**劳动评价**

"传承传统手工艺"劳动实践综合评价表

| 评价内容 | 评价细则 | 分值 | 学生自评（20%） | 组间互评（30%） | 教师评价（50%） | 分项得分 |
|---|---|---|---|---|---|---|
| 劳动认知 | 能够领会传承非遗的意义 | 10 | | | | |
| | 了解1~3种传统手工艺 | 10 | | | | |
| | 了解扎染的制作步骤 | 10 | | | | |
| 劳动能力 | 能够按照流程制作扎染 | 10 | | | | |
| | 具有审美情趣，能够设计制作出优美的作品 | 10 | | | | |
| | 掌握开发文创产品的基本方法 | 10 | | | | |
| 劳动习惯与品质 | 养成吃苦耐劳、与他人协作的习惯 | 10 | | | | |
| | 能够在操作过程中，注意节约染料、不随处倾倒废弃燃料 | 10 | | | | |
| | 具有创新精神，对产品制作精益求精 | 20 | | | | |
| 得分 | | | | | | |
| 自我总结 | | | | | | |

# 任务 6　打造校园文化墙

## 劳动发布

校园文化是一所学校在长期的办学实践过程中积淀而成的育人条件、历史传统和校园氛围等物质因素和非物质因素的总和,是以学生为主体,以课外文化活动为主要内容,以校园精神为主要特征的一种群体文化。校园文化具有互动性、渗透性和传承性的特点,对整合育人资源、拓宽育人渠道、强化育人效果、提升学校品位具有重要作用。

校园的硬件设施是学校文化的载体。比如,教室、图书馆、实验室、走廊等地方的布置可以展现学习创新的文化氛围;实验设备、教学仪器、多媒体教学设备等教学设施可以体现学校专业进取的教育精神;校园的建筑设计、景观、绿化、布局、环境卫生、文化长廊等都是学校精神文化的展现,可以陶冶学生的情操,提升学校的文化品位。

通过本任务,同学们将学习设计和打造校园文化墙,体会校园文化。校园文化墙案例如图 2-6-1 所示。

图 2-6-1　校园文化墙案例

##  劳动目标

- 学习校园文化墙设计的基本方法；了解学校的文化、布局、文化墙的面积和特点、环境建设规划、文化发展现状，找出需要进一步改进的地方。
- 学会设计学校文化墙，绘制草图，利用计算机软件绘制设计图纸，进行可行性评价，对工程成本概算和施工建设要求做出具体安排，运用掌握的劳动技能完成校园文化墙的打造。
- 树立艰苦奋斗、勇于创新的劳模精神和严谨求实的科学态度，提高审美能力和劳动品质。

##  劳动实践

### 活动1　校园文化墙调研

校园不同于广场、公园、中心绿地等休闲公共场所，它是师生共同生活、工作和学习的场所。而校园文化墙的设计要与校园文化相结合，体现教育意义，不仅追求美观，还要考虑功能，校园文化墙一般是用来宣传校园文化、倡导文明礼貌、宣扬校园品牌建设及提升校园品牌形象，是一项不容忽视的重要建设项目。

在本活动中，首先实地考察校园整体环境，查找适合进行文化宣传的墙体，然后利用测绘工具对校园文化墙的地理位置、地理特征、所处环境、整体面积、墙体材质等进行测绘，绘制图纸，填写表2-6-1。

**小贴士**

在调研校园文化墙时，可通过问卷调查软件广泛征求学校老师、同学们的意见，不随意否定别人的观点，并针对调查问卷数据进行数据统计分析，得出可行性报告。

表 2-6-1　校园文化墙调研问卷

| 项目 | 内容 |
| --- | --- |
| 文化墙位置 | |
| 文化墙形式 | |
| 文化墙内容 | |
| 文化墙材质 | |
| 文化墙造价 | |
| 文化墙安装 | |
| 文化墙维护 | |

## 活动2　校园文化墙设计

**步骤 1　设计初步方案**

在调研的基础上，各小组提出初步构想，选择一个最感兴趣的构想，设计方案。设计方案要突出校园文化特色，咨询、征求学校领导、教师、学生、家长代表及相关专家的意见，经过论证、反复修改方案并完善，最后确定设计方案，填写表 2-6-2。

表 2-6-2　校园文化墙方案

| 项目 | 内容 |
| --- | --- |
| 校园文化墙位置 | |
| 校园文化墙内容 | |
| 校园文化墙面积 | |
| 校园文化墙材质 | |

### 步骤2　工程材料梳理及概算

在设计的基础上,粗略梳理校园文化墙工程中所需要用到的材料。通过咨询专业人士或者市场调查,了解材料的采购地和价格。

工程概算是根据设计方案和费用定额指标等资料来计算建设工程的全部费用,也是评价设计方案合理性和施工预算的重要依据。在表2-6-3中填写校园文化墙工程概算。

表2-6-3　校园文化墙工程概算表

| 项目 | 材料 | 规格 | 数量 | 单价 | 总价 | 备注 |
| --- | --- | --- | --- | --- | --- | --- |
| 校园文化墙 | 设计稿软件绘图 | | | | | |
| | 设计图模板打印 | | | | | |
| | 背喷亚克力 | | | | | |
| | 透明亚克力 | | | | | |
| | 锁螺栓 | | | | | |
| | 安装费用 | | | | | |

### 步骤3　制订施工安全预案

施工作业时,必须将安全放在第一位。因此,针对校园文化墙的施工,要进行施工安全预案的制订,填写表2-6-4。

表 2-6-4　校园文化墙施工安全预案

| 项目 | |
|---|---|
| 施工小组成员 | |
| 安全防护设备 | |
| 可能发生的突发事件 | |
| 预防措施及解决措施 | |
| 医药箱准备 | |
| 救援对象 | |
| 联系电话 | |
| 附近的医院 | |

**步骤 4　确定方案**

根据各组设计方案，进行实地测绘，核对地形特点、墙体材质、墙体面积，根据实际情况再次完善方案，最后经过专家点评、老师点评、小组间互评，选择可行性最高的方案。

# 活动3　校园文化墙施工

施工建造是整个环节中最为重要的步骤之一，也是最耗费体力和精力的环节，需要同学们切身体会劳动的艰辛和精益求精的工匠精神。

请根据校园文化墙设计方案，合作完成校园文化墙的制作和安装。

**步骤 1**　为保证工程质量和工期，在工程开工前，要制订施工进度计划表，填写表 2-6-5。

**步骤 2**　完成施工材料、施工工具（梯子、锤子、水平仪等）和施工防护物品（手套、安全帽、急救物品等）的采购。提前制作好施工现场护栏、说明指示牌、工程竣工牌和温馨提示。

**步骤 3**　按照"施工规范"和"施工安全预案"施工，确保工程安全、顺利地进行。

表 2-6-5　校园文化墙施工进度计划表

| 施工时间 | | 小组成员 | |
|---|---|---|---|
| 项目 | 进度 | | |
| 制作模板 | | | |
| 制作亚克力背板 | | | |
| 安装透明板 | | | |
| 清场 | | | |
| 清理墙面 | | | |
| 安装文化墙展板 | | | |
| 清理现场 | | | |

### 小贴士

做好材料审核：对准备好的亚克力板、螺栓等仔细进行质量审核。

确保安全：进入施工场地必须正确佩戴安全帽、手套等防护物品，不进入危险区域作业。

团队合作：分工明确，充分发挥每个人的特长，保质保量完成工作。

细致验收：按照施工方案、测绘图纸及施工计划的每个细节进行验收，并针对出现的问题进行改进。

资料归档：将所有过程性资料进行归档，便于后期的专业验收及审计。

**劳动评价**

### "打造校园文化墙"劳动实践综合评价表

| 评价内容 | 评价细则 | 分值 | 学生自评（20%） | 组间互评（30%） | 教师评价（50%） | 分项得分 |
|---|---|---|---|---|---|---|
| 劳动认知 | 理解校园文化的内涵和校园文化建设的意义 | 10 | | | | |
| | 了解校园文化建设是系统工程，需要团队协作 | 10 | | | | |
| 劳动能力 | 能够进行校园文化墙方案设计，突出校园文化特色 | 20 | | | | |
| | 能够进行工程概算 | 10 | | | | |
| | 能够制订施工进度表，按期完成作业 | 10 | | | | |
| 劳动习惯与品质 | 能够与时俱进、突出校园文化墙的文化性、育人性 | 10 | | | | |
| | 能够在操作过程中，做好劳动安全与保护，平安施工 | 10 | | | | |
| 劳动精神 | 养成吃苦耐劳、团结合作的习惯 | 10 | | | | |
| | 具有创新精神，对待工作一丝不苟 | 10 | | | | |
| 得分 | | | | | | |
| 自我总结 | | | | | | |

# 任务 7　更换汽车轮胎

### 劳动发布

开车行驶时间久了，轮胎难免会出现问题，常见的轮胎损坏案例如图 2-7-1 所示。驾驶员应及时将没有气或者损坏的轮胎拆卸下来，使用备用轮胎应急。

通过本任务，同学们将掌握更换轮胎的基本技能。

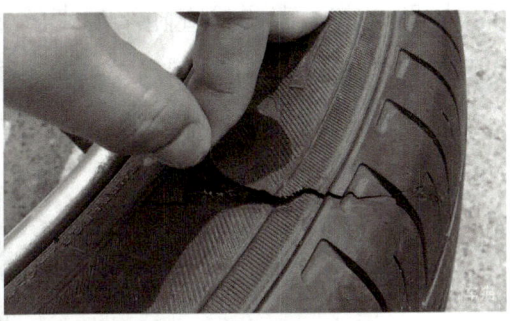

图 2-7-1　常见轮胎损坏案例

### 劳动目标

- 能够树立安全意识，正确检查备用轮胎。
- 熟练掌握轮胎拆装工具的使用办法，掌握拧螺栓的技巧。

### 劳动实践

## 活动1　拆卸轮胎

**步骤 1　停车并放置三角警示牌**

在更换轮胎前，首先要将车停放在相对安全、平坦的地方；然后拉紧驻车制动，挡位置于停车挡，将点火开关转到"lock"位置；打开"双闪"，并在离车足够远的地方放置三角警示牌。

> **小贴士**
>
> ### 如何放置三角警示牌
>
> 在白天，在城市环路上遇到车辆故障时，要把警示牌立在车后50米的地方，如果是高速公路，则要树立在车后150米的地方（大约成年人走200步的距离）。
>
> 在黑夜，在城市环路上遇到车辆故障时，要把警示牌设立在车后100米的地方，而在高速路则要设置在250米的位置（大约成年人走300步的距离）。

**步骤2　检查工具**

拆卸轮胎之前，需要检查随车携带的千斤顶、工具包和备胎，如图2-7-2所示。通常，根据车型的不同，备胎一般放在后备厢地板下方，挂在车尾下面，或者固定在后备厢门外。SUV车型的备胎大多都挂在车尾下面或固定在后备厢门外。

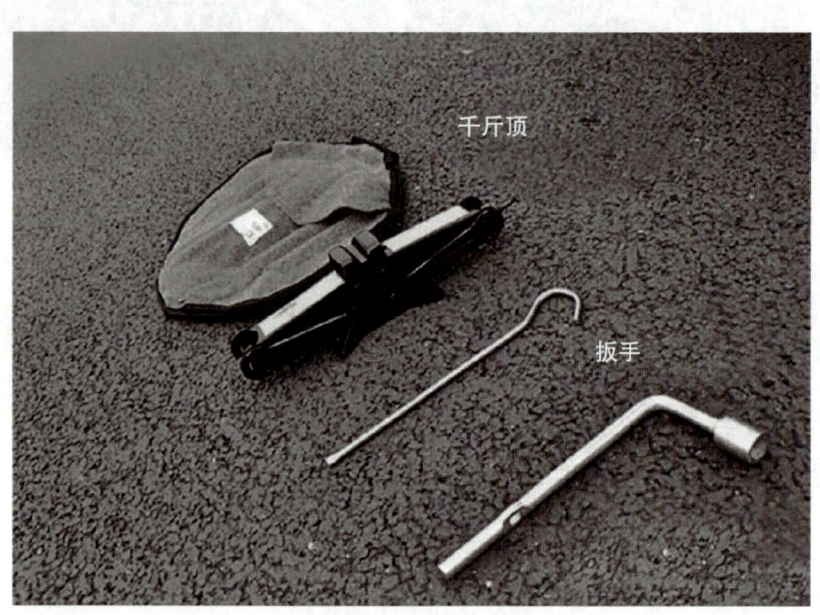

图2-7-2　检查工具

**步骤3　开始拆卸轮胎**

1.确认损坏的轮胎，检查轮胎的故障，穿戴好手套。

2.用套筒扳手以对角的形式将需要更换的轮胎螺栓全部拧松，不用拧出来，如图2-7-3所示。

如图 2-7-4 所示，一定要采用对角线的方法将其逐一拧开，否则很容易因受力不均匀而出现变形。拧螺栓的方向：逆时针方向为松；顺时针方向为紧。

3. 在车下支起千斤顶，注意一定要对准位置，别顶到车身铁皮，当车体升起来后，可以把要换轮胎的螺栓全部拧下来了，记得收好，如图 2-7-5 所示。

4. 取下轮胎放置在地面上，换上备胎，如图 2-7-6 所示。

图 2-7-3　拧松轮胎螺栓

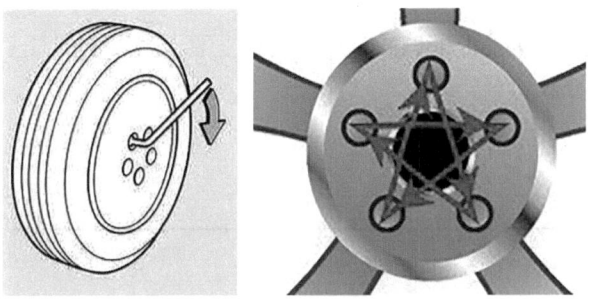

图 2-7-4　拆卸螺栓的顺序

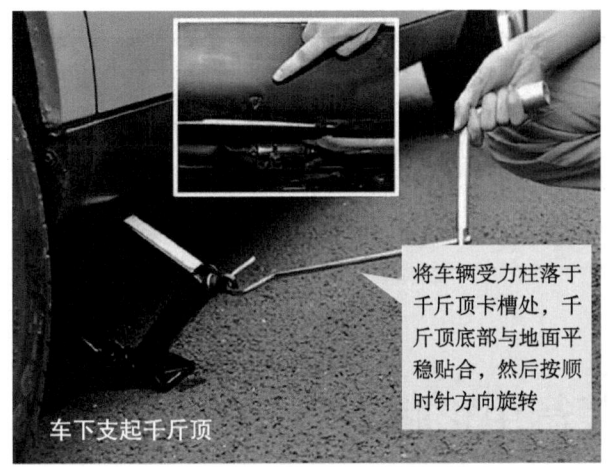

图 2-7-5　用千斤顶将车辆顶起

图 2-7-6　用套筒扳手拆卸轮胎

### 步骤 4　填写"轮胎拆卸"劳动过程记录表

拆卸轮胎后，填写表 2-7-1。

表 2-7-1 "轮胎拆卸"劳动过程记录表

| 姓名 | | 劳动时间 | |
|---|---|---|---|
| 任务分工 | | | |
| 工具选择 | | | |
| 轮胎拆卸步骤 | | | |
| 操作中出现的问题及解决措施 | | | |
| 劳动创新 | | | |

## 活动2　安装备用轮胎

安装备用轮胎之前，要确认备用轮胎的胎压是否正常。如果之前使用过该备用轮胎，就需要对其做简单检查，看看是否有划痕，是否有石子夹在缝隙里。如果没有问题，就可以开始安装了。

在安装过程中，关键是要将备用轮胎与车轮固定螺栓对齐。注意，如果车升得太高，就会将备胎举得很高。建议换胎时最好找个人帮忙，如果一个人操作，建议用腿或脚顶住备胎，防止位移。

**步骤 1** 安装轮胎,先将轮胎举到指定位置,然后安装最上方螺栓。

**步骤 2** 之后用手或脚顶住轮胎,再安装剩下的螺栓,并用套筒加力,使轮胎不能晃动为止。

**步骤 3** 将千斤顶降下至轮胎轻轻触地,用套筒扳手按照图 2-7-7 所示 1-2-3-4-5 的顺序拧紧(如果是四轮轮毂,则可按照对角线顺序)。在拧螺栓时,最好每颗螺栓拧的圈数保持一致,保证螺栓受力均匀。

图 2-7-7 螺栓的拧紧顺序

### 小贴士

**安装备用轮胎的注意点**

1. 安装前,先对备用轮胎做个简单检查,并将拆下的轮胎放置在车底,避免发生意外。
2. 轮胎固定螺栓全部拧上之后,再撤下千斤顶。
3. 拧螺栓时要按对角线顺序拧上,切勿按顺时针或逆时针方向依次拧上。
4. 在更换汽车轮胎时,最主要的就是操作顺序和拧螺栓顺序,切记要按对角线顺序松、紧螺栓。另外,一定要注意在每次车辆进行保养时务必要检查备胎胎面状况与备胎胎压。

劳动教育与实践指导

 **劳动评价**

### "更换汽车轮胎"劳动实践综合评价表

| 评价内容 | 评价细则 | 分值 | 学生自评（20%） | 组间互评（30%） | 教师评价（50%） | 分项得分 |
|---|---|---|---|---|---|---|
| 劳动认知 | 理解轮胎对于交通安全的重要性 | 10 | | | | |
| | 能够体会汽车修理工的辛苦和劳动，进而尊重劳动者 | 10 | | | | |
| 劳动能力 | 能够熟练掌握千斤顶、扳手等工具的使用 | 10 | | | | |
| | 掌握拧螺栓的正确方法 | 10 | | | | |
| | 能够正确拆装轮胎 | 20 | | | | |
| 劳动习惯与品质 | 工具取放有定位，按要求对工具进行保养和保管 | 10 | | | | |
| | 操作规范，具有安全意识 | 10 | | | | |
| 劳动精神 | 积极参加劳动，具有吃苦耐劳、团结协作的精神 | 10 | | | | |
| | 具有爱岗敬业、争创一流、执着专注、精益求精的劳模精神、工匠精神 | 10 | | | | |
| 得分 | | | | | | |
| 自我总结 | | | | | | |

# 任务 8　保养数控机床

 **劳动发布**

党的二十大报告指出"建设现代化产业体系。坚持把发展经济的着力点放在实体经济上，推进新型工业化，加快建设制造强国、质量强国、航天强国、交通强国、网络强国、数字中国。"

数控技术是"智"造未来中不可缺少的主力军之一。通过本任务，同学们将学习如何保养数控机床。

**劳动目标**

- 认识数控机床保养与维护的重要性。
- 掌握机床保养的步骤和安全注意事项。
- 体悟精益求精的劳动精神，养成良好的劳动习惯，提升专业素养。

 **劳动实践**

## 活动1　认识数控机床

机床，俗称工业之母，主要用于对金属或其他材料进行加工，使之成为需要的零部件，是制造机器的机器，也被称作为工具机。在一般的机器制造中，机床负担机器制造工作总量的 40%~60%，是现代工业发展的重要基石。机床的品种、质量和加工效率对于其他制造装备产品的生产技术水平起着至关重要作用，因此，机床工业的现代化水平和规模是一个国家工业发达程度的重要标志之一，是现代工业发展的压舱石。

我国连续多年成为世界最大的制造业国家，作为基础工业支撑的机床产业需求也得以显著提升。经过多年发展，我国机床数控化率不断提高。2021 年，我国金属加工机床数控化率达历史新高 36.21%，同比增长 11.2%。但对比欧美等发达国家超 70% 的机床数控化率，我国数控化率提升空间仍然很大。

请同学们查询资料，了解我国数控机床的发展历史，了解为什么说高端数控机床是行业未来的发展趋势。

### 数控加工人才就业前景分析

随着我国机制行业新技术的应用，我国在世界制造业加工中心地位形成，数控机床的使用、维修、维护人员在全国各工业城市都非常紧缺，再加上数控加工人员从业面非常广，可在现代制造业的模具、钟表业、五金行业、中小制造业从事相应的电脑绘图、数控编程设计、模具设计与制造、电火花及线切割工作，所以现有的数控技术人才无法满足制造业的需求，而且人才市场上的这类人才储备并不大，企业要在人才市场上寻觅合适的人才比较困难，这导致模具设计、CAD/CAM工程师、数控编程、数控加工等已成为我国各人才市场招聘频率最高的职位之一。

我国高级技工正面临着"青黄不接"的严重局面，原有技工年龄已大，中年技工为数不多，青年技工尚未成熟。在制造业，能够熟练操作现代化机床的人才已成稀缺。随着产业布局、产品结构的调整，就业结构也将发生变化。企业对较高层次的第一线应用型人才的需求将明显增加。

而借助国外的发展经验来看，当进入产业布局、产品结构调整时期，与产业结构高度化匹配、培养相当数量的具有高等文化水平的职业人才，成为迫切要求。而对于数控加工专业，不仅要求从业人员有过硬的实践能力，更要掌握系统而扎实的机械加工理论知识。因此，既有学历又有很强操作能力的数控加工人才成为社会较紧缺、企业急需的人才。

## 活动2　维护数控机床

数控机床的维护与保养是保持设备处于良好技术状态、延长使用寿命、减少停工损失和维修费用、降低生产成本、保证生产质量、提高生产效率所必需的日常工作。对于高精度、高效率的数控机床而言，维护和保养更为重要。如果机床设备操作使用不当、维护不周，就会发生各种故障。这些故障如果得不到及时有效的维修，就会造成停机，影响正常生产，进而影响企业的经济效益和信誉，损失难以估量和弥补。

> **小贴士**
>
> **数控机床维护的基本要求**
>
> 1. 完整性
>
> 数控机床的零部件齐全，工具、附件、工件放置整齐，电路、管道完整。
>
> 2. 洁净性
>
> 数控机床内外清洁，无油污、无锈蚀；各滑动面、丝杠、齿条、齿轮等处无油垢、无碰伤；各部位不漏油、不漏水、不漏气、不漏电；切削垃圾清扫干净。
>
> 3. 灵活性
>
> 为保证部件灵活性，必须按照数控机床润滑标准，定时定量加油、换油。油质要符合要求；油壶、油枪、油杯、油嘴齐全；油毡、油线清洁；油标明亮；油路畅通。
>
> 4. 安全性
>
> 操作者必须熟悉数控机床的结构，遵守操作维护规程，合理使用，精心维护，检测异常，不出事故。各种安全防护装置齐全可靠，控制系统正常，接地良好，无事故隐患。

### 组织形式：

小组合作，6~8 人 / 组。

### 材料准备：

手套、毛刷、抹布、簸箕、清理工具、润滑油等。

### 操作步骤：

**步骤 1** 创造良好的工作环境。如图 2-8-1 所示，数控机床使用环境要清洁、卫生、通风好、无粉尘、温度适宜、无频率干扰等。注意：如果条件允许，建议将数控机床与普通机械隔离安装，减少干扰，便于维护。

图 2-8-1 良好的工作环境

**步骤2** 专业的操控。如图2-8-2所示,操作人员应熟悉数控机床的各个机械部分、数控系统、强电设备、液压气动等,按照要求正确操作数控机床。注意:要按照操作规程进行操作,防止误操作对机床造成伤害。

图2-8-2 专业的操控

**步骤3** 清扫清洁。如图2-8-3所示,定期对数控机床进行全面的擦拭保养,去除油污,防锈防潮,清理各部位积屑。注意:在清扫过程中使用专业工具并佩戴手套,以免被铁屑划伤。

图2-8-3 清扫清洁

**步骤4** 清洗元器件。如图2-8-4所示,清洗热交换器的空气过滤网、冷泉泵、润滑油泵滤网等。注意:清洗完毕后要检查数控机床的风扇系统是否正常运转,不可出现灰尘与堵塞。

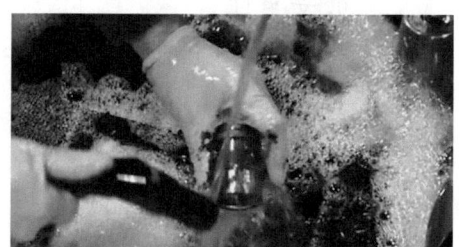

图2-8-4 清洗元器件

**步骤5** 检查设备故障。如图2-8-5所示,定期检查数控机床的各个部件,包括主传动链、刀库、换刀机械手等。注意:检查各个部件是否有螺栓松动,有无异响,发现问题及时解决。

图2-8-5 检查设备故障

**步骤6** 检查设备精度。如图2-8-6所示,定期检查数控机床的运行精度,对机床进行精度矫正。注意:精度矫正分为软、硬两种,软矫正时系统参数补偿,硬矫正一般用于机床大修时的精度矫正。

图2-8-6 检查设备精度

**步骤 7** 填写"数控机床维护"劳动过程记录表。

完成数控机床维护后,填写表 2-8-1。

表 2-8-1 "数控机床维护"劳动过程记录表

| 班级 | | 姓名 | | 指导教师 | |
|---|---|---|---|---|---|
| 维护过程 | 1. _____<br>2. _____<br>3. _____<br>4. _____<br>5. _____ ||||||
| 维护结果 | 1. _____<br>2. _____<br>3. _____ ||||||
| 存在问题 | 1. _____<br>2. _____ ||||||
| 解决办法 | 1. _____<br>2. _____ ||||||

## 劳动评价

**"保养数控机床"劳动实践综合评价表**

| 评价内容 | 评价细则 | 分值 | 学生自评（20%） | 组间互评（30%） | 教师评价（50%） | 分项得分 |
|---|---|---|---|---|---|---|
| 劳动认知 | 理解数控技术对于实现高精度、高效率的现代化加工和制造具有重要意义 | 10 | | | | |
| | 了解数控机床保养与维护的重要性 | 10 | | | | |
| 劳动能力 | 掌握数控机床维护与保养的基本方法和注意事项 | 30 | | | | |
| 劳动习惯与品质 | 能够按规范使用工具，佩戴劳保用具，安全操作 | 10 | | | | |
| | 能够养成日常维护与保养机床的习惯 | 10 | | | | |
| | 主动探索维护与保养数控机床的新方法 | 10 | | | | |
| 劳动精神 | 不怕脏、不怕累，吃苦耐劳，热爱劳动 | 10 | | | | |
| | 注重劳动细节，精益求精 | 10 | | | | |
| 得分 | | | | | | |
| 自我总结 | | | | | | |

# 任务 9　设计产品包装

###  劳动发布

经过长期的发展和演变，现代包装已具有保护、流通、促销等功能，也是集营销学、实用技术学、美学为一体的设计艺术科学。通过包装还可以体现公司文化、品牌理念等。

通过本任务，同学们将调研农产品包装市场，并设计农产品包装纸盒小样。

### 劳动目标

- 掌握基本的市场调研方法。
- 能够进行农产品包装的绘制，使用电脑制作包装效果图。
- 提升审美和创造美的能力。

###  劳动实践

## 活动1　农产品调研

**步骤1**　组建调研团队，每组6~8人。

**步骤2**　做好调研设计。

1）确定农产品品类、产地、市场定位、竞品定位、竞品包装设计、农产品销售渠道、营销理念以及农产品的主要包装材料等调研问题。

2）确定调查对象为农超市场、市民消费者、产地农民。

3）准备好调查工具，做好市场调研表2-9-1和访谈提纲。

**访谈提纲参考例文：**

**1. 开场语**

你好，我是×××学校的在读学生，正在做一个关于农产品包装设计的专题调查，想耽误您几分钟时间帮助完成这个访谈。本次访谈主要通过问答形式进行，为保证访谈的有效性，请如实回答每个问题，谢谢！现在我们可以开始了。

**2. 提问问题**

a. 您好，这家超市都销售哪些农副产品？
b. 农副产品都有包装吗？一般采用什么包装材料？
c. 产品包装对顾客选购商品有什么影响？

表 2-9-1　农产品包装设计市场调研表

| 序号 | 农产品调研问题 | 调研结果 | 设计分析 |
|---|---|---|---|
| 1 | 农产品品类 | | |
| 2 | 农产品的产地 | | |
| 3 | 农产品的市场定位 | | |
| 4 | 农产品竞品定位 | | |
| 5 | 农产品竞品包装设计 | | |
| 6 | 农产品主要销售渠道 | | |
| 7 | 农产品品牌营销理念 | | |
| 8 | 农产品主要包装材料 | | |
| 9 | 其他 | | |

在原始社会，人类的生活已离不开包装，人们为了储存水、食物等，将大自然中的竹、木、草等用来制作食物的储存器。经过历史的发展，人们开始用土烧制罐、壶、缸等器物来盛载物品。时至今日，仍能看到这些原始包装的身影。我国到了手工业时代，包装在这时期逐渐成熟，北宋"山东济南刘家功夫针铺"的包装纸，是我国现存最早的包装纸，上边印有店铺的名称、标识、商品的使用说明、广告等内容，包装的功能逐渐清晰。

## 活动2　包装小样设计

**步骤1**　根据活动1市场调研的结果，得知柑橘价格实惠，包装设计简洁大方，常见的包装方式是纸盒。

本活动选用常见的飞机盒结构包装柑橘，飞机盒纸盒包装价格低廉，在实际生产中容易形成标准化。

采用卡纸、胶棒、剪刀等物品，参照刀版图尺寸（见图2-9-1），制作柑橘包装折纸小样。注意纸的厚度、转折余量和转折误差，要求制作精细，并根据制作的包装折纸小样（见图2-9-2），进行分析，完成表2-9-2包装折纸小样设计分析表。

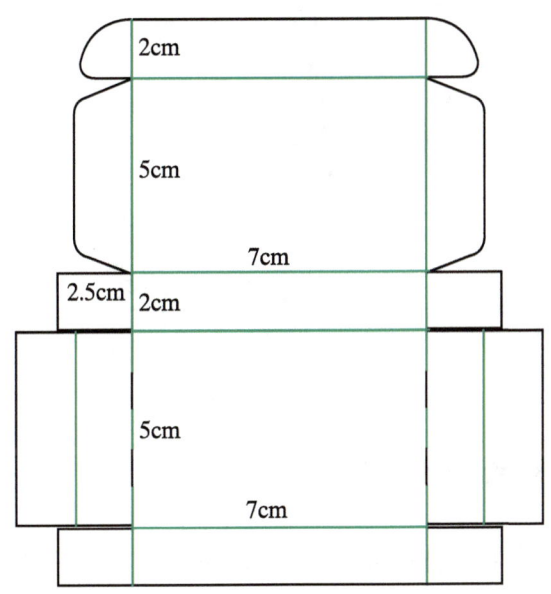

图2-9-1　飞机盒刀版图（缩小版）

图2-9-2　包装折纸小样

表2-9-2　包装折纸小样设计分析表

| 序号 | 分析小样问题 | 分析结果 | 改进措施 |
| --- | --- | --- | --- |
| 1 | 设计的缺点有哪些？ | | |
| 2 | 设计的优点有哪些？ | | |
| 3 | 其他 | | |

**步骤 2** 在确定好包装方式后，采用 A4 纸、铅笔、橡皮、彩笔、马克笔等进行柑橘包装设计草图的绘制。草图需要绘制多种，以便从中选择最优。绘制过程中，要先用铅笔画底稿，再用彩笔或马克笔进行上色。

研究表明，在不增加成本的基础上，只改变颜色，就可以给商品带来 10%~25% 的附加值，因此颜色应符合产品定位。文字是包装上必要的元素，有着传达商品信息的重要作用，因此文字要有设计感，能够有效传达产品信息。图案可以更好地诠释产品，激发消费者的购买欲望，因此图案选择要适宜。

如图 2-9-3 所示，柑橘包装采用橘色为主要颜色，橘色能使消费者联想到产品本身；文字选择常见的粗体字，便于大众辨别；图案以柑橘形象进行设计，激发消费者的购买欲望。

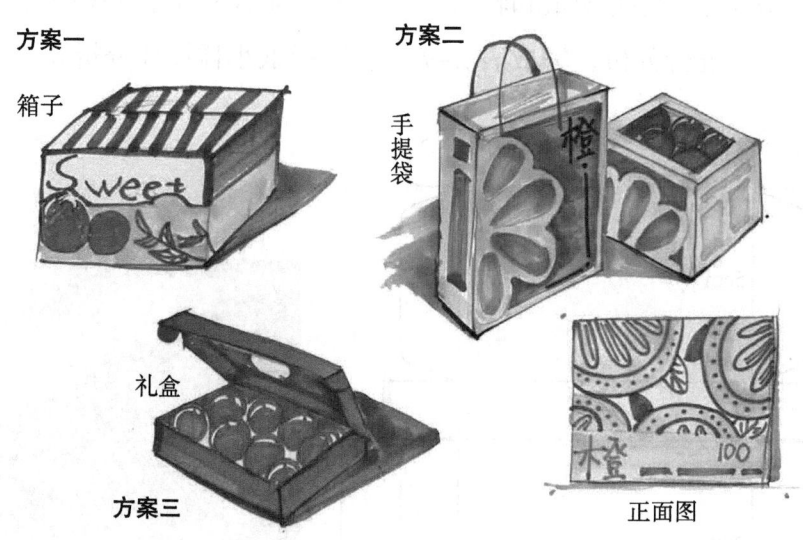

图 2-9-3　绘制设计草图

**步骤 3** 在绘制的多种草图中，选择效果最佳的草图，然后使用电脑软件 Photoshop 制作柑橘包装效果图。首先，使用软件绘制柑橘包装底色（见图 2-9-4）；然后，添加文字和图案（见图 2-9-5）；再次，绘制背景（见图 2-9-6），最后，用软件导出柑橘包装设计效果图的图片（见图 2-9-7）。

图 2-9-4　绘制柑橘包装底色

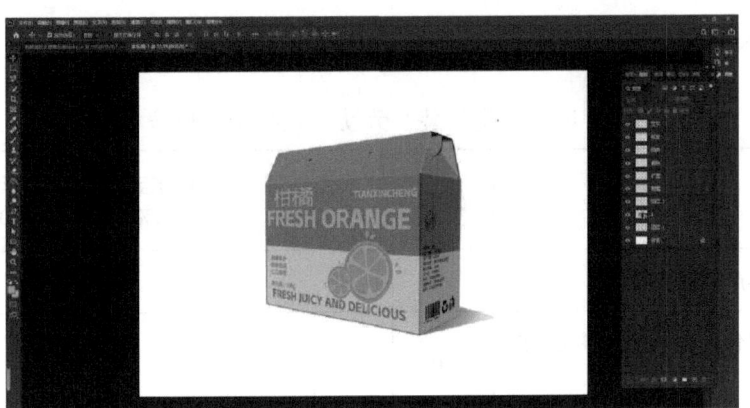

图 2-9-5　添加文字和图案

图 2-9-6　绘制背景

图 2-9-7　柑橘包装设计效果图

**劳动评价**

"设计产品包装"劳动实践综合评价表

| 评价内容 | 评价细则 | 分值 | 学生自评（20%） | 组间互评（30%） | 教师评价（50%） | 分项得分 |
|---|---|---|---|---|---|---|
| 劳动认知 | 理解产品包装的意义 | 10 | | | | |
| | 了解包装设计的步骤及工作内容 | 10 | | | | |
| 劳动能力 | 掌握市场调研的方法，能及时发现市场对包装设计的需求 | 10 | | | | |
| | 能够利用卡纸等材料，自行设计图样，并手工制作包装纸盒小样 | 10 | | | | |
| | 能够使用电脑制作产品包装效果图 | 10 | | | | |
| | 能够运用色彩、图案等美学知识，制作精美的包装作品 | 10 | | | | |
| 劳动习惯与品质 | 能够规范使用量尺、刀具，养成精确、严谨的工作习惯 | 10 | | | | |
| | 在进行包装纸盒小样制作和设计时，自觉地充分利用边角料，节约纸材 | 10 | | | | |
| 劳动精神 | 具有创新精神和审美情趣 | 10 | | | | |
| | 热爱设计工作，对工作精益求精 | 10 | | | | |
| 得分 | | | | | | |
| 自我总结 | | | | | | |

# 任务 10  装订会计凭证

###  劳动发布

在信息化日益完善的今天，即便是拥有智能化和数据化的财务软件，也依然需要对会计凭证进行装订（见图 2-10-1）。凭证装订是件简单烦琐的手工活，多数人对此不屑一顾。会计凭证至少要保存 15 年，这期间不知有多少人要翻看，因此不能忽视会计凭证的装订工作。装订会计凭证的目的是保护会计凭证的完整性和可读性。装订后，会计凭证可以更加方便地存档和管理，也可以更加方便查阅。此外，装订还可以防止会计凭证的遗失或损坏，确保会计记录的准确性和可靠性，保障会计信息的安全性和完整性，符合会计职业的要求。

图 2-10-1  会计凭证

通过本任务，同学们将学习如何分类、整理并装订会计凭证。

### 劳动目标

- 能够按照要求对会计凭证进行分类和整理。
- 能够熟练进行会计凭证的装订和标记等操作。
- 会使用装订材料对会计凭证进行装订。
- 能够遵守相关法律法规和职业道德要求。

 劳动实践

## 活动1　凭证装订准备工作

**1. 认识会计档案装订工作**

会计档案的装订主要包含会计凭证、会计账簿、会计报表及其他文字资料的装订。

（1）会计凭证的装订

一般每个月装订一次，装订好的凭证按年、月妥善保管归档。

（2）会计账簿的装订

各种会计账簿年度结账后，除跨年使用的账簿外，其他账簿需要按时整理立卷。

（3）会计报表的装订

会计报表编制完成后应及时报送，留存的报表要按月装订成册，谨防丢失，小企业可以按季度装订成册。

**2. 会计凭证装订前的工作**

**步骤1**　准备工具和材料，包括装订机、铆钉、封面、封底、凭证包角、胶棒、固定夹等。

**步骤2**　将会计凭证分类整理，按顺序排列，检查日期、编号是否齐全。

**步骤3**　摘除凭证内的金属物（如订书针、大头针、回形针），对大的张页或附件需要折叠成与记账凭证一样的大小，且需避开装订线，以便翻页时保证数字完整。

**步骤4**　整理检查凭证顺序号，不能有颠倒、缺号。

**步骤5**　检查记账凭证上有关人员（如财务主管、复核、记账、制单等）的印章是否齐全。

## 活动2　会计凭证装订

**步骤1**　将封面、封底分别附在凭证上（见图2-10-2）。注意：封面、封底与凭证应叠放整齐。

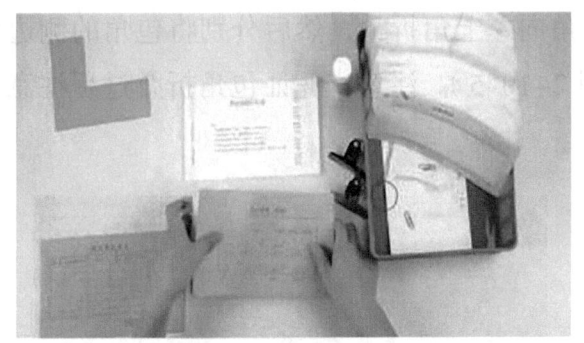

图 2-10-2 附封面、封底

**步骤 2** 将凭证包角放在封面左上角,并用夹子将凭证固定好(见图 2-10-3)。注意:凭证包角应事前裁剪好,尺寸不易过大,否则容易遮盖凭证信息。

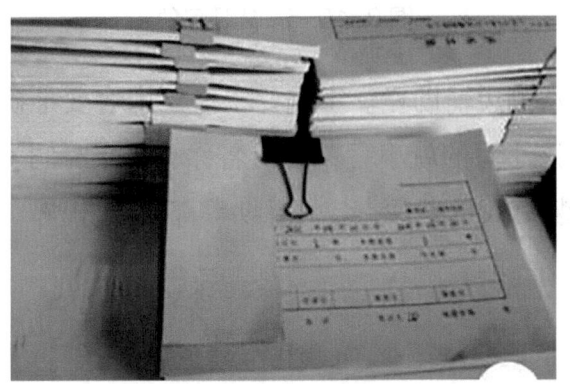

图 2-10-3 凭证固定

**步骤 3** 使用装订机在凭证的左上角打两个孔,并将铆钉订到凭证上(见图 2-10-4)。注意:装订机操作需规范,先调整高度,再按打孔键,注意操作安全。

图 2-10-4 凭证打孔

**步骤 4**　将凭证包角向左上角折叠，然后分别将包角的侧边和上边折向背面，均匀涂抹胶水并粘贴（见图 2-10-5）。注意：凭证包角折叠过程注意角度，包紧实，防止凭证松散。

图 2-10-5　凭证包角

**步骤 5**　填写封面及侧边辅助栏。字迹要工整，内容要准确；正面要写，侧面也要写；该大写的就大写，该小写的就小写；公司名称、起止时间、起止凭证号、装册排序信息、会计主管人员和装订人员签章、装订日期等都要填好。

### 小贴士

#### 会计凭证装订注意事项

1. 会计凭证装订前，要先设计和选择会计凭证的封面。封面应用较为结实、耐磨、韧性较强的牛皮纸等，封面规格略大于所附记账凭证。
2. 在封面上编好卷号，按编号顺序入柜，并要在显露处标明凭证种类编号，以便于调阅。
3. 为了保证装订后的凭证整齐、美观、牢固，凭证厚度一般为 1.5cm，最多不超过 3cm，如果本月凭证过多，可装订为多本。

 劳动评价

### "装订会计凭证"劳动实践综合评价表

| 评价内容 | 评价细则 | 分值 | 学生自评（20%） | 组间互评（30%） | 教师评价（50%） | 分项得分 |
|---|---|---|---|---|---|---|
| 劳动认知 | 了解会计凭证装订的目的和意义 | 10 | | | | |
| | 了解会计凭证装订工作的基本内容和总体要求 | 10 | | | | |
| | 掌握会计凭证装订的方法及注意事项 | 10 | | | | |
| 劳动能力 | 在装订过程中能够正确安排页码顺序，准确识别、分类和归档凭证 | 10 | | | | |
| | 能够正确填写封面内容，如公司名称、凭证号码、起止日期、装册排序信息等 | 10 | | | | |
| | 能够正确使用装订机和铆钉对凭证进行装订，做到凭证包角折叠整齐、紧实不松散 | 10 | | | | |
| 劳动习惯与品质 | 在装订过程中，保证凭证清晰易读，没有出现模糊、污损、撕裂等情况 | 10 | | | | |
| | 能够及时处理凭证的瑕疵 | 10 | | | | |
| | 能够对本单位的会计信息保密，不私自向外界提供或者泄露单位的会计信息 | 10 | | | | |
| 劳动精神 | 装订时耐心细致、一丝不苟 | 10 | | | | |
| 得分 | | | | | | |
| 自我总结 | | | | | | |

# 任务 11　建造花池

 **劳动发布**

在庭院景观中，花池是必不可少的一项内容。在建造花池时要充分考虑布局，就地取材，考虑实用性、观赏性等问题，达到经济、实用、美观的效果。对于常见的花池，同学们是可以自己建造的。建造花池需要什么工具和材料？应该按什么步骤进行建造？通过本次任务，同学们将通过建造花池感受劳动的快乐。

 **劳动目标**

- 了解建造花池使用的工具和材料。
- 会建造简单的砖砌花池。
- 培养吃苦耐劳的品质，提升庭院景观设计的审美观。

 **劳动实践**

## 活动1　拌制水泥砂浆

**1. 准备工作**

水泥砂浆由水泥、砂以及水按照相应比例配制而成，通常用在潮湿场所或水里的砌体等。拌制水泥砂浆前，要确定好花池的建造位置及花池的建造尺寸，砖砌的花池厚度可为240mm或370mm（注：我国普通标准黏土砖规格为240mm×115mm×53mm。用标准砖砌筑墙体时，墙体尺寸是砖宽度的倍数）；准备好所用的工具和材料。

工具：铁板、水桶、铁锹、水泥铲等。

材料：水泥强度等级不宜大于32.5；沙子采用中砂（平均粒径为0.25mm~0.5mm）且不能含有草根等杂物，含泥量极少，使用前使用5mm的筛子过筛；水为自来水或纯净水。

## 2. 拌制步骤

**步骤1** 如图 2-11-1 所示，整理一块平整、坚固的场地，距离花池位置较近即可。

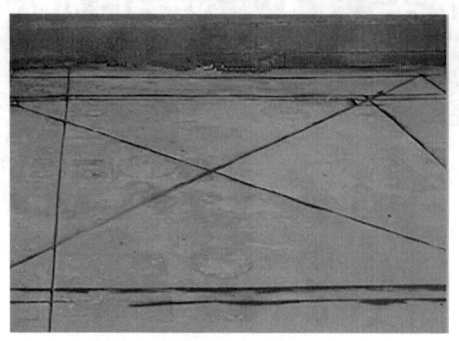

图 2-11-1 确定花池的建造位置、尺寸等

**步骤2** 如图 2-11-2 所示，将少量水泥、沙子倒在铁板上，体积比 1∶2 左右，用铁锹干拌均匀。

图 2-11-2 干拌水泥、沙子

**步骤3** 如图 2-11-3 所示，用铲子挖一个坑，加水搅拌成稀浆，再搅拌均匀。拌制完成后，砂浆流动性要好，没有产生泌水、离析的现象（即砂浆能够挂在垂直竖起的铲子上，但又足够湿润，可以轻松抹到各种表面，还能倒入桶里，再倒出来）；砂浆应随拌随用，一般 2~3 小时内用完。

图 2-11-3 拌制水泥砂浆

## 活动2 砌筑花池

### 1. 准备工作

在水泥砂浆拌制完成后,由于砂浆会随着时间硬化,要马上砌筑花池。在砌筑前,砖要提前一天浇水湿润,避免使用干砖;对所要砌筑的地面位置处进行清扫,防止出现土、石子、树叶等杂物;使用工具前要进行湿润。

工具:水泥铲、白棉线、瓦刀、抹子等,如图2-11-4所示。

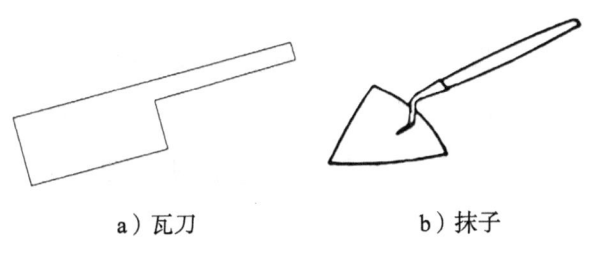

a)瓦刀　　　　b)抹子

图2-11-4　工具

### 2. 砌筑步骤

**步骤1**　确定采用全顺式或一顺一丁式的砌筑方式(见图2-11-5)。常见普通砖的尺寸是240mm×115mm×53mm。顺砖是砖的长边与墙身长度方向平行的砖,丁砖是砖的长面与墙身长度方向垂直的砖。全顺式是一皮都是顺转砌筑,上下皮灰缝也要错开1/2砖长;一顺一丁式是由一皮顺砖、一皮丁砖间隔相砌而成,上下皮之间竖向灰缝都错开1/4砖长。

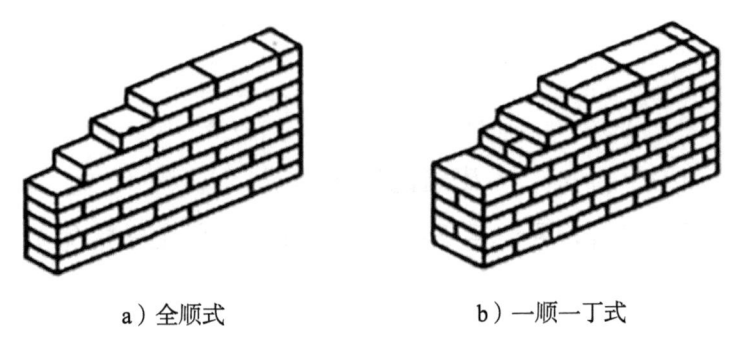

a)全顺式　　　　b)一顺一丁式

图2-11-5　砌筑方式

**步骤2**　从下往上砌筑。通常宜采用"三一"砌筑法,即一铲灰、一块砖、一揉压的砌筑方法。砌砖时砖要放平;用大铲铲水泥砂浆,上下错缝,避免通缝;灰缝要饱满,厚度10mm左右;每砌筑完一层,用瓦刀轻轻敲打砖块,使其保持水平并与水泥砂浆紧密结合。转角处，可用瓦刀砍削砖块；若花池较高，可挂上棉线保证砌砖的平直度（见图 2-11-6）。

图 2-11-6　砌筑

**步骤 3**　抹面处理。重新按 1∶1 左右的比例拌制水泥砂浆；抹灰前对墙面进行除污，提前 2~4 小时洒水润湿；分层抹灰，按自上而下、从左到右的顺序进行；打底 2~4 小时后进行面层抹灰；最后用抹子压实压光，运行轨迹要相互垂直。抹面处理后的花池如图 2-11-7 所示。

图 2-11-7　花池

### 小贴士

#### 砌筑的注意事项

1. 拌制和使用水泥砂浆时，要注意保护自己的面部，戴上呼吸保护装置（如口罩），不要吸入扬起的粉尘。
2. 尽量使沙子和干水泥保持干燥，用多少拌多少；寒冷天气作业时，拌好的砂浆在凝固前必须防止冻结，砖在使用前要去除冰霜。
3. 如果砂浆看起来太干了，就加少量的水，让它保持柔软、湿润。
4. 收工后，清洁所有使用工具，将工具中所有坚硬干燥的砂浆敲掉，把干燥的砂浆收集起来，妥善处理。

### 拓展阅读

古文《玉篇》有记："庭者，堂前阶也""院者，周坦也"。庭院是建筑物的前后左右或被建筑物包围的场地，它与时代的主流建筑风格相结合，为人们带来不一样的体验感，提升了居住者的生活品质，成为建筑中不可缺少的一部分。

图 2-11-8　文王灵囿

我国的庭院景观设计、建造历史悠久。商朝的甲骨文中有园、圃、囿等字出现，从当时的文字记载开始算起，我国庭院景观设计、建造已有 3000 多年的历史。如图 2-11-8 所示，文王灵囿是中国最古老的公园。

现代庭院是人对高品质生活和自然的向往，景观要环境整洁、生态稳定、人与自然和谐共生。庭院景观主要有水、石、花木、地面等，院中设有花池，或间隔种树，或缀有走廊（见图 2-11-9）。庭院建造要依托于当地的自然环境，因地制宜、因时制宜，真正融于自然；要根据庭院的面积进行植物的选择，植物种类不要太多，以一两种植物作为主景植物，植物层次要明显，形式要简洁，要考虑整体的一致性。庭院景观的营造对居住环境的改善、地域文化的传承和建筑容貌的提升都有重要意义。

a）绿植

b）假山

c）水池

d）地面

图 2-11-9　庭院景观

## 劳动评价

**"建造花池"劳动实践综合评价表**

| 评价内容 | 评价细则 | 分值 | 学生自评（20%） | 组间互评（30%） | 教师评价（50%） | 分项得分 |
|---|---|---|---|---|---|---|
| 劳动认知 | 了解庭院景观对改善居住环境、传承地域文化、提升建筑容貌的重要意义 | 10 | | | | |
| | 了解庭院景观包含的内容 | 10 | | | | |
| 劳动能力 | 能够按比例要求和步骤对拌制水泥砂浆 | 10 | | | | |
| | 掌握全顺式或一顺一丁式砌筑的技巧和方法，能够砌筑各类砖墙 | 20 | | | | |
| | 能够对墙体进行抹面处理，整洁、美观 | 10 | | | | |
| 劳动习惯与品质 | 养成在劳动结束后，对使用工具和场地进行清理的习惯 | 10 | | | | |
| | 劳动态度严谨，花池平直度符合要求，上下错缝，避免通缝 | 10 | | | | |
| | 在劳动过程中能做好防护工作，安全第一 | 10 | | | | |
| 劳动精神 | 工作严谨，爱惜一砖一瓦、一草一木 | 10 | | | | |
| 得分 | | | | | | |
| 自我总结 | | | | | | |

# 任务 12　红色研学之旅

 劳动发布

人是要有一点精神的。一个人如此，一个政党、一个国家、一个民族更是如此。纵览中国共产党的精神谱系，红船精神、井冈山精神、长征精神、焦裕禄精神、载人航天精神……一笔笔宝贵的精神财富，如同火炬，照亮了从胜利走向胜利的征程。图 2-12-1 展示了雄安新区的"雄安之眼"。

新时代的青年，要沿着先辈的足迹追红色记忆、走红色足迹、悟红色精神。本次任务将带领同学们一起制订红色研学之旅计划，重走载满壮志豪情的红色之路。

图 2-12-1　雄安新区"雄安之眼"

劳动目标

- 基于实地考察爱国主义教育基地和革命圣地的体验，进一步理解中国共产党领导的革命斗争和社会主义建设发展的历史，深刻理解革命传统的内涵和精神实质。
- 通过考察爱国主义教育基地、参观革命圣地、走访英雄人物等方式，探究红色革命传统的精神实质和内涵，提升基于证据的分析思考能力和实践活动的设计能力。
- 增强对中国革命传统和中国共产党的认同，坚定"没有共产党就没有新中国"的信念。

 劳动实践

## 活动1　探究红色资源

红色之旅探究活动有三种基本途径：一是实地考察，采取亲身体验和收集信息等方式进行研究；二是通过图书、相关影视资料、互联网等信息渠道收集有关革命传统的资料，进行系统的、追根溯源的深入研究；三是把前两种途径融合进行研究。

请思考你的家乡有哪些红色资源？

红色之旅，是指以中国共产党领导人民在革命和战争时期建立丰功伟绩所形成的纪念地、标志物为载体，以其所承载的革命历史、革命事迹和革命精神为内涵，开展缅怀学习、参观游览的主题性研学旅行活动。

### 你的家乡有哪些红色资源？

伟人故事：_____

英雄事迹：_____

革命遗址：_____

历史展馆：_____

## 活动2　研究出行课题

**步骤 1**　请以"从白洋淀到塔元庄的革命之旅"为范例,开展考察探究实践活动,填写表 2-12-1。

表 2-12-1　"从白洋淀到塔元庄的革命之旅"出行课问题研究

| 研究问题 | 问题分解 |
| --- | --- |
| 典型历史人物 | 成长环境、主要经历、思想观念…… |
| 重大历史事件 | 时间节点、参与人员、影响因素…… |
| 时代背景与国际环境 | 国内形势、政治导向、国际舆论…… |
| 现状与发展 | 旅游文化、经济政治、发展趋势…… |

**步骤 2**　总结红色研学之旅的方向与问题,并填写在下方空白框内。

**步骤3** 结合自身学习、体验及对红色资源的查询和了解,在小组内共同讨论,确定以下内容。

我们研究的课题:_____
_____

课题想要解决的问题:_____
_____
_____

课题研究选择以下哪种方法,请在方框中打钩:

☐ 实地考察法(通过亲身体验和收集信息等方式进行研究)

☐ 文献调查法(通过阅读图书、资料和文件,全面掌握所需材料用于研究)

☐ 比较法(对不同时期、不同地点、不同文化的景点资源进行比较)

☐ 统计法(通过观察、考察、查找资料得到大量数据,进行统计分类,得出分析结果)

☐ 融合上述若干方法开展研究

## 活动3  做好出行准备

出行准备不是简单收拾行李,而是要做好整个出行过程的规划。一是根据出行的目的地,做好相关知识储备与拓展,制订实施方案与应急预案;二是关注出行中的组织管理与协调,找到突发问题的解决方法与策略;三是行程结束后的碎片信息优化整合及组织开展高水准的交流展示等。图2-12-2展示了红色研学之旅出行准备的具体事项。

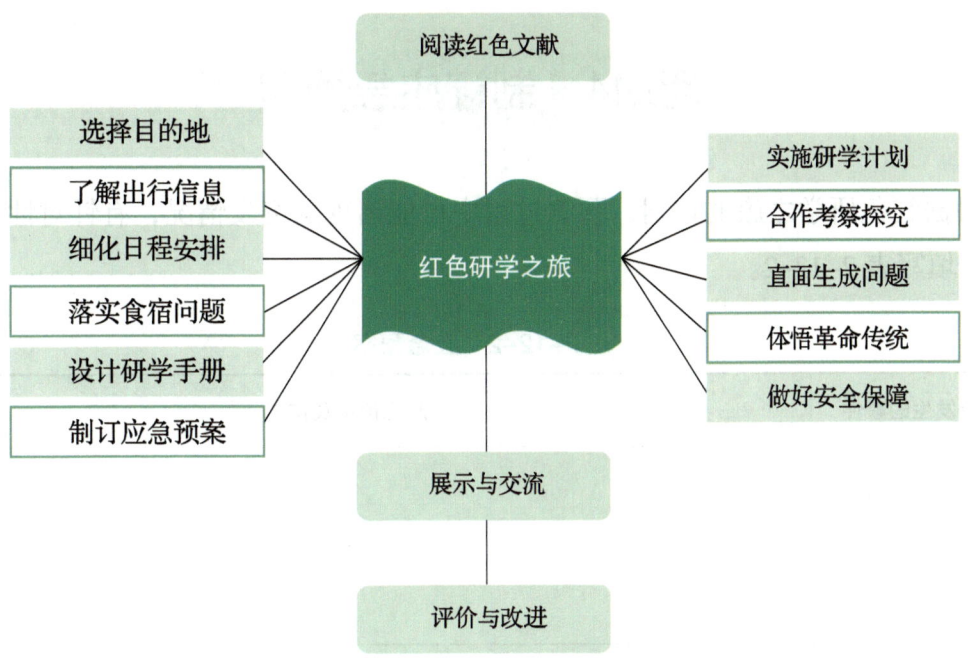

图 2-12-2 红色研学之旅出行准备

**步骤 1** 请小组探究确定"从白洋淀到塔元庄的革命之旅"的具体研学路线,并填写在下面空白处。

_____

_____

_____

_____

**步骤 2** 请从日程安排、食宿安排、出行工具选择、物品准备、经费管理、安全事项提醒等方面着手做好出行前准备,在下方空白处填写具体内容。

**出行前准备:**

## 活动4　制订应急预案

请根据红色研学之旅的计划，预测过程中可能出现的突发情况，有针对性地做好应急预案，填写表 2-12-2。

表 2-12-2　应急预案

| 预测可能发生的事件 | 应急预案及措施 |
| --- | --- |
| 证件及个人财产遗失 |  |
| 交通工具晚点或延误 |  |
| 遭遇极端天气、自然灾害 |  |
| 和营员走散 |  |
| 突发疾病或意外 |  |

### 拓展阅读

抗日战争时期，活动在白洋淀的抗日武装"雁翎队"在中国共产党的领导下，利用淀区芦荡遍布、沟河交错的有利地形，如图 2-12-3 所示，开展机动灵活的游击战，以弱胜强，痛击日本侵略军，大长我中华民族之威风，显示出燕赵儿女的聪慧勇敢。作家徐光耀撰写的《小兵张嘎》就取材于"雁翎队"。著名作家孙犁的《荷花淀》，孔厥、袁静的《新儿女英雄传》均以淀区为题材。

图 2-12-3　白洋淀风光

## 活动5　编制出行方案

研学旅行与平时开展的考察探究活动不完全一样，但主体思路是大体相同的。要根据研究课题制订步骤明确、可操作性强的出行计划，用研究课题的思维方式指导出行，即清晰梳理研究思路、认真编制出行计划、详细记录研究过程，优化呈现研究结果。请填写表2-12-3红色研学之旅课题申报表。

表 2-12-3　红色研学之旅课题申报表

| 课题名称 | |
|---|---|
| 课题组长 | 　　　　　　　　　指导教师 |
| 成员分工 | |
| 课题目的 | |
| 研究方法 | |
| 研学内容与活动设计 | |
| 相关准备 | |
| 行程与具体安排 | |
| 预期效果 | |
| 安全保障 | |

**劳动评价**

"红色研学之旅"劳动实践综合评价表

| 评价内容 | 评价细则 | 分值 | 学生自评（20%） | 组间互评（30%） | 教师评价（50%） | 分项得分 |
|---|---|---|---|---|---|---|
| 劳动认知 | 了解开展红色之旅的意义，深刻理解革命传统的内涵和精神实质 | 10 | | | | |
| | 熟悉开展红色之旅活动的准备工作 | 10 | | | | |
| 劳动能力 | 能够通过实地考察、查阅资料等方法，探究当地的红色旅游资源 | 20 | | | | |
| | 能够通过问题导向、任务导向、目标导向，开展研学活动 | 10 | | | | |
| | 能够充分做好出行准备，编制可行性研学方案，制订应急预案 | 20 | | | | |
| 劳动习惯与品质 | 能够与团队成员有效沟通，互帮互助 | 10 | | | | |
| | 善于记录和总结 | 10 | | | | |
| 劳动精神 | 能够自觉体悟今天的幸福生活来之不易，具有艰苦奋斗、开拓创新的精神 | 10 | | | | |
| 得分 | | | | | | |
| 自我总结 | | | | | | |

# 任务13 "三农"问题研究

## 劳动发布

为坚持农业农村优先发展，统筹实施乡村振兴战略，推动农业全面升级、农村全面进步、农民全面发展，加快实现农业农村现代化，2018年国务院组建了农业农村部。我国的农业、农村、农民存在哪些问题？国家为什么如此重视"三农"问题？怎样解决"三农"问题？本次任务，我们将一起探究"三农"问题。

## 任务提示

我国农村地域辽阔，南北气候迥异，东、中、西部经济条件悬殊。同学们可根据实际情况，选取适合的"三农"问题，如农村土地闲置、农村经济效益、现代农业技术应用、农民素质提升、农产品销售，农村空巢老人等问题，进行调研；还可关注"西部大开发""全面建成小康社会""扶贫攻坚""乡村振兴战略"等重大政策对"三农"问题的影响。有条件的同学也可深入农村，与农民同吃同住同劳动，深刻了解"三农"，增强服务"三农"的本领。大家可以先在下方思维导图的空白处填上自己感兴趣的"三农"问题或者建议，以便进一步考察探究。

农业问题：
农业产业机构
农业产业收益
新型农业发展
……

农村问题：
基础设施建设
生态环境
教育医疗
农村土地闲置
……

劳动教育与实践指导

| 农民问题： | 相关政策： |
|---|---|
| 农民收入<br>农民素质<br>进城务工农民<br>农村空巢老人<br>…… | 农业产业机构<br>农业产业收益<br>新型农业发展<br>…… |

| 提出建议： | 我（我们）想研究的是： |
|---|---|
| 大力发展农业科技<br>加快农业信息化建设<br>加强农村基础设施建设<br>改善农村生态环境<br>培育新型农民<br>统筹城乡发展<br>…… | _____<br>_____<br>_____<br>_____<br>_____ |

## 劳动目标

- 通过亲身体验或间接了解，关注"三农"问题，理解"三农"问题是关系国计民生的根本性问题，也是全面建成小康社会的重点和难点。

- 结合本地区实际情况，从"三农"问题中选取有现实意义和深度的问题做研究，调研国家政策对"三农"问题的重要作用；综合运用访谈法、实地考察法、文献法等开展社会实践探究，提出基于证据的、具有说服力的、可操作性强的解决方案，形成规范的研究报告或建议提案。

- 增强关心和解决"三农"问题的社会责任感，牢固树立"中国要强，农业必须强，中国要美，农村必须美，中国要富，农民必须富"的理念，用实际行动为全面建成小康社会贡献自己的力量。

# 活动1　形成研究课题

**步骤1　提出问题**

农业是国民经济的基础，农民群体占据我国总人口的大多数，农村是承载着众多游子乡愁的精神家园。"三农"问题既是经济问题，也是政治问题，既是历史问题，也是现实问题，既关系中国社会的政治稳定，也关系中国现代化的发展水平。解决好"三农"问题事关全面建成小康社会、广大农民根本福祉和农村社会文明和谐。请大家结合自己的生活学习体验，看看能发现并提出多少关于"三农"的问题。

示例：

1. 什么是"三农"问题？
2. 国家为什么这样重视"三农"问题？国家颁布了哪些解决"三农"问题的政策？
3. 农业在我国经济发展中的地位及其面临的现实问题有哪些？
4. 农村基础设施和公共服务存在哪些问题？
5. 你所在的区域有哪些乡镇企业？它们在解决"三农"问题上发挥着什么样的作用？
6. 农民的经济收入和社会权利存在哪些问题？
7. 农民工的社会地位和权益如何得到进一步保障？

**除此之外，还存在哪些问题？**

### 步骤2　将问题转化为课题

"三农"问题涉及很多方面，但不是每一个问题都具有研究价值，由问题到课题还有一个转化论证的过程。比如，针对农村基础设施和公共服务问题，如果要转化为课题进行研究，我们可以从农村的公共基础设施建设政策、供水保障、居住环境整治、教育质量、基层医疗卫生服务、社会保障、公共文化服务、生态环境等突出问题入手，在实践中探究，并提出相应的解决措施或建议。下面请同学们根据自己或小组成员的兴趣特长，结合大家在生活、学习中的了解和体验，共同讨论，确定合适的研究课题。

**我们共同商定的研究课题是：**

## 活动2　编制研究方案

课题组根据共同商定的研究课题进行讨论协商，制订切实可行的研究计划，共同编制研究方案，填写表2-13-1。

表 2-13-1 研究方案

| 课题名称 | | | | |
|---|---|---|---|---|
| 课程组长 | | | 指导教师 | |
| 课题成员 | 姓名 | 性别 | 组内分工 | 研究专长 |
| | | | | |
| | | | | |
| | | | | |
| | | | | |
| 研究范围 | | | | |
| 研究背景 | | | | |
| 研究目标 | | | | |
| 研究内容 | | | | |
| 研究方法 | | | | |
| 预期成果 | | | | |
| 研究过程 | 起止年月 | | 主要内容 | 完成情况 |
| | | | | |
| | | | | |
| | | | | |
| 保障条件 | | | | |
| 指导教师意见 | | | | |

### 拓展阅读

**中华人民共和国农业农村部**

中华人民共和国农业农村部是国务院组成部门，为正部级。中央农村工作领导小组办公室设在农业农村部。农业农村部贯彻落实党中央关于"三农"工作的方针政策和决策部署，在履行职责过程中坚持和加强党对"三农"工作的集中统一领导。主要职责是：统筹研究和组织实施"三农"工作的发展战略、中长期规划、重大政策统筹，推动发展农村社会事业、农村公共服务、农村文化、农村基础设施和乡村治理。拟订深化农村经济体制改革和巩固完善农村基本经营制度的政策，指导乡村特色产业、农产品加工业、休闲农业和乡镇企业发展工作。负责种植业、畜牧业、渔业、农垦、农业机械化等农业各产业的监督管理。负责农产品质量安全监督管理。组织农业资源区划工作。负责有关农业生产资料和农业投入品的监督管理。负责农业防灾减灾、农作物重大病虫害防治工作。负责农业投资管理。推动农业科技体制改革和农业科技创新体系建设。指导农业农村人才工作。牵头开展农业对外合作工作。完成党中央、国务院交办的其他任务。

## 活动3　开展实践活动

### 步骤1　文献梳理看"三农"

文献研究法是课题研究最常用的研究方法。通过研究文献，可从中发现新问题，获得新论据，找到新视角，形成新认识。比如，我们对"三农"问题的研究，通过文献梳理，可以查阅到当前国内外关于农业、农村、农民的研究动态，国家关于"三农"的重要政策法律文献等，为我们的研究提供充足的理论支撑。同学们在收集文献时可以把发现的问题一一列出，填写表2-13-2。

表2-13-2　问题汇总表

| 序号 | 发现的问题 |
| --- | --- |
| 1 |  |
| 2 |  |
| 3 |  |
| 4 |  |
| 5 |  |

**步骤 2　实地走访话"三农"**

课题组成员根据当地的实际情况，可以去实地走访当地政府主管部门及业务部门工作人员，访谈当地农业劳动模范，还可以去实地参观当地农产品加工制作企业或农业科技公司等，并填写表 2-13-3。

表 2-13-3　访谈过程记录表

| 课题名称 | | | | | |
|---|---|---|---|---|---|
| 采访人 | | 记录人 | | 成员 | |
| 访谈对象 | | 职务 | | 联系方式 | |
| 访谈时间 | | 访谈地点 | | 访谈方式 | |
| 访谈主题 | | | | | |
| 访谈目的 | | | | | |
| 注意事项 | | | | | |
| 访谈问题设计 | | | 访谈结果 | | |
| | | | | | |
| | | | | | |
| | | | | | |
| 被采访人的意见和建议 | | | | | |
| 我的心得体会 | | | | | |

**步骤 3　志愿服务连"三农"**

课题组成员可以因地制宜地开展科普宣传、农机示范推广、安全生产、生态文明、信息咨询等各类志愿服务活动，也可以结合重大纪念日或节假日，设计开展主题鲜明、形式多样的特色志愿服务活动，并填写在下方空白处。

### 志愿服务连"三农"

服务对象：_____

服务项目：_____

服务行动：_____

_____

服务感言：_____

_____

服务思考：_____

_____

**步骤4　农事实践体验"三农"**

在"三农"问题研究过程中，可组织学生体验农业种植、养殖、加工，还可体验生产工具使用、生产资料应用、生产技能操作等，使学生形成农事实践的体会与思考，填写在下方空白处。有条件的学校和同学可参与每年的中国农民丰收节。

**农事实践体会与思考：**

## 活动4　整理加工信息

通过活动3，同学们已经收集到很多资料、数据，切身体会到农业、农村、农民的现状。如何从大量繁杂的材料中提取有效信息，这就需要对信息数据进行整理、加工、统计和分析。比如，在策划乡村脱贫致富时，我们可以把文献梳理到的先进事例按照地理位置、资源环境、人文历史等角度进行分类，可以把实地访谈记录按政府部门、科研机构、农民等对象进行分组归类整理，从而提取有效信息，便于提出乡村脱贫致富策划书。

## 活动5　交流学习成果

**交流1　新农村摄影风采展**

同学们可以从网上搜索全国新农村建设纪实摄影图片或亲自拍摄当地新农村建设突出的村落，在学校或者当地农村进行新农村摄影风采展，记录新农村建设的伟大历程，展示农民眼中的农业发展、农村建设和农民生活。摄影展主题建议围绕新农村繁荣兴旺的农村经济、整洁优美的农村社区、城乡均衡的公共服务、丰富多彩的文化生活，全面发展的新型农民、民主和谐的社会管理等方面内容，展现当代农民昂扬向上的精神风貌，以及新农村建设所取得的成果，填写表2-13-4。

表2-13-4　新农村摄影风采展图片信息卡

| 作品名称 | | | |
|---|---|---|---|
| 作者姓名 | | 作者单位 | |
| 拍摄地点 | | 拍摄时间 | |
| 照片及说明 | | | |

### 交流 2　乡村脱贫致富策划

在"三农"问题研究中，同学们可以针对区域农村、典型农村、某项农产品等，策划脱贫致富，填写表 2-13-5。

表 2-13-5　乡村脱贫致富策划书

| 策划名称 | |
|---|---|
| 策划目的 | |
| 策划背景 | |
| 组织形式 | |
| 主要程序 | |
| 注意事项 | |

### 交流 3　形成建议提案

人大代表建议是指人大代表向人大提出的对有关国家机关工作的评价、建设性意见或批评，有关机关、组织必须研究处理并负责答复。提案是参加政协的民主党派、团体或政协委员向政协全体会议或常务委员会提出的、经提案审查委员会审查立案后，交承办单位办理的书面意见和建议。同学们在"三农"问题研究中，可以采用人大代表和政协委员的建议、提案方式，并向当地各级人大代表或政协委员提交本课题组形成的建议书或提案书（见表 2-13-6）。

表 2-13-6 建议（提案）书

| 建议（提案）题目 | | | |
|---|---|---|---|
| 领衔人 | | 联系方式 | |
| 通信地址 | | 邮政编码 | |
| 其他成员姓名 | 通信地址 | 邮政编码 | 联系电话 |
| | | | |
| | | | |
| | | | |
| 情况介绍 | | | |
| 主要建议（提案） | | | |

## 任务反思

1. 通过"三农"问题研究，你是否对"三农"问题有了更加全面的认识？是否参与了农事实践或相关的志愿服务活动？

2. 你是否完成了自己所承担的任务？在任务完成过程中是否进行了有效的团队合作？是否掌握了策划书和建议（提案）书的设计或写作？

3. 通过"三农"问题研究，你对我国全面建成小康社会的伟大意义是否有了新的认识？是否有了关注农业、关心农村、关爱农民的朴素情感？

4. 你愿意与大家分享你的研究感受和收获吗？这次考察探究有哪些成功的经验，又有哪些需要改进的地方？

## 中国农民丰收节

2018年，国家将每年的秋分设为中国农民丰收节。中国农民丰收节是亿万农民庆祝丰收、享受丰收的节日，是第一个在国家层面专门为农民设立的节日，充分体现了党中央对"三农"工作的高度重视、对广大农民的深切关怀。

2020年9月22日是第三个中国农民丰收节，全国各地举行了形式多样的庆祝活动。2020年中国农民丰收节河北庆祝活动的主题是"迎丰收、促脱贫、奔小康"。河北庆祝活动的开幕式在河北省保定市阜平县骆驼湾村隆重举行。开幕式上举行了戏曲演唱、舞狮表演、乐器演奏等庆祝节目。设在骆驼湾村主路的展览路线有脱贫攻坚大事记、农耕文化展演、丰收节大庙会、农业品牌展、农民书画艺术展、品牌双创大赛成果展等，体现了河北农业农村新风貌及产业扶贫、乡村振兴、农业品牌等发展成就。

2020年中国农民丰收节河北庆祝活动按照"1+10+N"设置，除了骆驼湾村的省级主会场之外，各市设有市级分会场，多个省直部门、县市区及其他自行组织的庆祝活动，为广大农民增添了丰收的喜悦氛围。

中国农民丰收节已成为展示我国农业新成效、农村新变化、农民新面貌的重要节日，极大地调动了农民的积极性、主动性、创造性，提升了农民的荣誉感、幸福感、获得感，为加快推进我国现代农业发展、实施乡村振兴战略、全面建成小康社会提供了不竭动力。

 劳动评价

## "'三农'问题研究"劳动实践综合评价表

| 评价内容 | 评价细则 | 分值 | 学生自评（20%） | 组间互评（30%） | 教师评价（50%） | 分项得分 |
|---|---|---|---|---|---|---|
| 劳动认知 | 了解农业、农村和农民存在的问题，以及"三农"问题的重要性 | 10 | | | | |
| 劳动能力 | 能够采用文献梳理法调研三农政策 | 10 | | | | |
| | 能够通过调研、实践等途径，收集"三农问题"相关数据 | 20 | | | | |
| | 能够深入思考脱贫致富的方法，撰写策划书 | 10 | | | | |
| | 能够拍摄新农村照片，展现当代农民风貌 | 10 | | | | |
| | 能够开展科普和安全生产宣传，进行农机示范推广 | 10 | | | | |
| 劳动习惯与品质 | 具备解决"三农"问题的社会责任感，愿意为农民脱贫致富献计献策 | 10 | | | | |
| 劳动精神 | 热爱劳动，具有创新精神 | 20 | | | | |
| 得分 | | | | | | |

自我总结

# 任务 14　劳动周绘井盖

### 劳动发布

劳动周，又称劳动实践课，是中华人民共和国教育部规定学生必须进行动手操作的课程，属于必修课的一种，为期一周，故称之为劳动周。学校组织劳动周活动，不仅可以完成劳动任务，还可以培养学生的劳动能力，使学生的能力得到提升，让学生明白劳动是美德。本次任务，我们将一起在劳动周将校园文化绘制到井盖上，让井盖充满生机，真正实现"井上添花"。

### 劳动目标

- 能够结合校园环境、井盖形状设计富有创意的井盖画。
- 有一定的团队合作意识，能按工作流程合理分工协作。
- 在绘井盖过程中，提升审美能力。

### 劳动实践

## 活动1　做好劳动周的准备

参与学校劳动周的学生动员会，除了做好充分的思想准备以外，还要做到以下几点。

**步骤1　落实工作岗位**

以班级或小组为单位，在劳动周指导老师的带领下，对接学校劳动岗位所属相关部门负责人，确定活动地点、劳动岗位和劳动内容，筹备劳动所需准备的软硬件设施、设备和工具等。

**步骤 2　分配劳动任务**

要了解岗位的特点、任务和要求，提前做好充足的准备。按照团队的分工，做到各司其职，发挥积极的作用。

**步骤 3　设计劳动周方案**

根据劳动对象、劳动所需技能、劳动所需工具、劳动注意事项等，设计劳动周方案并填写表2-14-1。

**步骤 4　练习劳动技能**

根据劳动对象的特点、劳动任务的内容、劳动注意事项等练习相关技能。

**步骤 5　制订安全保障预案**

制订安全保障预案，采取有效措施，保障劳动安全和工具使用安全。

表 2-14-1　劳动周准备方案

| 班级 | | 姓名 | | 劳动地点 | | 劳动任务 | | 劳动时间 | |
|---|---|---|---|---|---|---|---|---|---|
| 劳动任务对象 | | | | | | | | | |
| 劳动所需技能 | | | | | | | | | |
| 劳动所需工具、材料 | | | | | | | | | |
| 劳动注意事项 | | | | | | | | | |

# 活动2　巧手绘井盖

井盖文化是一种以井盖为载体，通过绘画、涂鸦等方式表达艺术和文化的现象。在校园劳动周，学生参与井盖文化建设，不仅可以美化校园，反映校园文化特色，还可以锻炼学生吃苦耐劳的品质，提升审美和创造美的能力。

绘制井盖分为以下几个步骤：

### 步骤1　搜集井盖文化元素

选择适合校园的文化元素，一般包括社会主义核心价值观、红色经典、优秀传统文化、科学技术、体育文化等。

### 步骤2　绘制井盖画图样

确定井盖文化元素后，根据井盖形状（圆形、长方形）选择图案，然后开始设计图样，可以选择手绘，也可以用绘图软件绘制。

### 步骤3　清洁井盖表面

在绘制井盖画前，首先要用湿抹布、毛刷等清理井盖表面，方便上色。井盖的清理包括井盖表面杂物移除、灰尘清扫、污垢清洁等，最后要用抹布擦拭干水分。

### 步骤4　涂抹底漆

清洁井盖后，在井盖表面涂抹底漆，一般结合图案元素选择白色、淡蓝色等颜色的底漆作为背景色。在材料的选择方面，为保证井盖画色彩鲜艳、保留持久，一般选择丙烯颜料。

由于井盖表面的凹凸不平，需要注意边缘和棱角圆润美观。

### 步骤5　调配颜色

绘制过程中，可以边晾晒底漆，边根据图案手稿中涉及的色彩元素调配漆料，调配过程注意少取多试，避免颜料的浪费。

### 步骤6　画图案轮廓

待井盖底漆晾干后，将图案的轮廓勾画在漆面上，勾画时要注意线条流畅均匀、图案大小适中。

### 步骤7　涂抹颜料

比对图样，选择恰当的颜料。在画笔的选择上，色彩面积大的部分，可以选用排笔；

色彩面积较小的部分，则选择稍细的画笔。

### 步骤 8  勾边

颜料涂抹完毕后，再次描绘图案边缘，这样既能保证图案的清晰，也能增加图案的立体感。

### 步骤 9  涂清漆

为保证井盖画的持久性，通常选择在井盖表面涂抹清漆，起到润泽和保护的作用。

## 活动3  交流与总结

### 步骤 1  展示交流

展示交流是提升劳动周成效的关键环节。完成劳动实践后，下一步就是组织"劳动周成果展示会"，以实物、展板等多种形式，展出同学们的作品；或者以微视频等数字方式展示劳动成果，增强感召力，还可以通过班会、校报、微信公众号等途径，分享自己的劳动体验，让更多的同学热爱劳动、积极劳动。

### 步骤 2  总结经验

劳动周活动的最后一步就是总结劳动收获，对不足提出改进方法，并填写表2-14-2。

表 2-14-2  劳动周体验报告

| 劳动内容 | |
|---|---|
| 完成情况 | |
| 劳动收获 | |
| 存在不足 | |
| 改进方法 | |

 劳动评价

**"劳动周绘井盖"劳动实践综合评价表**

| 评价内容 | 评价细则 | 分值 | 学生自评（20%） | 组间互评（30%） | 教师评价（50%） | 分项得分 |
|---|---|---|---|---|---|---|
| 劳动认知 | 理解积极参与劳动实践活动的重要意义 | 10 | | | | |
| | 了解绘制井盖的意义，明确工作内容，掌握绘画的步骤和注意事项 | 10 | | | | |
| 劳动能力 | 能够结合井盖形状、位置，以及校园文化的特点，设计井盖画草图，突出文化性、育人性、科技性等 | 10 | | | | |
| | 能够在绘制井盖前，做好清洁准备；绘画后做好围挡和养护 | 10 | | | | |
| | 能够正确使用画笔，掌握调色规则，熟练应用绘画技巧，完成井盖画的绘制 | 20 | | | | |
| 劳动习惯与品质 | 养成按需取样、节约画材、专注绘画的习惯，避免浪费材料 | 10 | | | | |
| | 能够在绘画完成后及时清洗画笔和调色盘，不随意倾倒污水 | 10 | | | | |
| | 能通过绘制井盖，美化校园环境，传播积极向上的校园文化 | 10 | | | | |
| 劳动精神 | 能够积极参与公益劳动，具有无私奉献精神，服务他人，奉献社会 | 10 | | | | |
| 得分 | | | | | | |
| 自我总结 | | | | | | |

# 参考文献

[1] 曾天山，顾建军.劳动教育论［M］.北京：教育科学出版社，2020.

[2] 檀传宝.劳动教育论要：现实畸变与起点回归［M］.北京：北京师范大学出版社，2020.

[3] 班建武.新时期劳动教育理论体系建构研究［M］.杭州：浙江教育出版社，2022.

[4] 姚荣启.中国劳模史1932—1979［M］.北京：中国工人出版社，2020.

[5] 成尚荣.劳动教育 高中一年级：下册［M］.保定：河北大学出版社，2021.